*Ja, ich will!*

# Ja, ich will

## DER WEDDINGPLANER
## MIT FRANK MATTHÉE

Text: Birgit Engel
Fotografie: Andrea Langer, Marcus Mokros, www.Tag7.de

Copyright © edel entertainment GmbH, Hamburg
www.moewig.de
Alle Rechte vorbehalten. All rights reserved.

Copyright © ProSieben 2008
www.prosieben.de
Lizenziert durch MM MerchandisingMedia GmbH
www.merchandisingmedia.com
Alle Rechte vorbehalten. All rights reserved.
„Frank der Weddingplaner" ist eine Produktion der
MME Me, Myself & Eye Entertainment GmbH

Inhaltliche Ebene
Konzeption: MME Me, Myself & Eye Entertainment GmbH. © www.mme.de
Jessica Andree (Redaktion), Julia Zinke (Konzeption, Redaktion).
In Zusammenarbeit mit Frank Matthée als Hochzeitsexperte.

Eine Feierabend Unique Books Produktion:
Birgit Engel (Text), Frank Behrendt (Design, Umschlaggestaltung),
Peter Rieprich (Layout, Satz, Lithografie), Petra Biedermann (Korrektorat),
Yvonne Anger (Redaktion, Bildbeschaffung)

Originalausgabe
Alle Rechte vorbehalten
Printed in Germany

ISBN 978-3-86803-120-1

# Inhalt

# *Vorwort*

Die eigene Hochzeit gehört sicherlich zu den wichtigsten und aufregendsten Tagen in Ihrem Leben. Sie steht unter dem Stern, für alle ein unvergessliches und besonderes Ereignis zu werden. Das erfordert eine genaue und mitunter recht aufwendige Planung. So viele Fragen gilt es zu beantworten, so viele Entscheidungen zu treffen! Wollen Sie eher unkonventionell-individuell, oder ganz traditionell heiraten? Eine Riesenfete oder doch lieber eine exklusive kleine Feier im privat-intimen Rahmen veranstalten? Soll es einen roten Faden geben oder gar eine Mottohochzeit werden? Möchten Sie ein Buffet anbieten oder ein Menü genießen?

Die Möglichkeiten sind schier unbegrenzt. Sie reichen von der stilistischen Vielfalt, die Hochzeitsausstatter heute bieten, bis hin zum weiten Angebot an Locations. Das Ja-Wort können Sie sich ganz bodenständig im klassischen Standesamt, oder völlig abgehoben im Heißluftballon geben, und feiern können Sie nicht nur in einem Schloss, sondern auf Schiffen, in Fabriklofts, im Fußballstadion oder im Eishotel.

Nicht zuletzt die „kleinen" und verbindenden Maßnahmen wollen gut überlegt sein, die Ihr Fest dann wirklich abrunden und nach Ihren Wünschen perfekt machen: Wann und wie lade ich ein, soll es einen Dresscode geben, wie gestalte ich einen harmonischen Ablauf, was gilt es bei der Sitzordnung zu beachten, wie sieht eine gelungene Tischdekoration aus, wie unterhalte ich die Gäste am besten, ohne dass Langeweile aufkommt, brauche ich ein Gastgeschenk und welches – Fragen über Fragen werden Sie in den nächsten Wochen und Monaten täglich begleiten. Sie sehen, wenn die Entscheidung zur Heirat gefallen ist, treten Sie in ein ganz besonderes Stadium, und das Treffen von Entscheidungen beginnt erst bzw. Sie müssen schon vor Ihrem eigentlichen Traumtag öfter Ja sagen.

Genießen Sie vor allem Ihre Vorbereitungszeit, denn die Vorfreude ist bekanntlich die schönste Freude! Nehmen Sie sich Zeit, lassen Sie sich inspirieren und durch die wunderbare Welt der Hochzeits-Möglichkeiten leiten, damit auch Ihre Hochzeit zu einem Fixstern in ihrem Leben wird.

Alles Liebe

Ihr Frank Matthée

# Der Auftakt

Der Entschluss zu heiraten ist wie ein Stromstoß, wie Blitz und Donnerschlag.
Der Atem stockt, und sobald sich der Gedanke verfestigt hat,
die Sache entschieden ist, stürmen tausend Fragen auf die Brautleute ein.
Wann, wie und wo wollen wir uns das Ja-Wort geben?

*Bild links: Schmetterlinge im Bauch, ein Leben lang: Gibt es einen schöneren Grund zu feiern?*

*Eine Möglichkeit für das Hochzeitskleid ist die Maßanfertigung. Zur Anregung: Der Original-Entwurf für das Hochzeitskleid von Lady Di.*

Planen Sie bei der Terminfrage in einem Zeitrahmen von einem Jahr. Überlegen Sie, ob Sie zu einer bestimmten Jahreszeit heiraten möchten: Frühling, Sommer, Herbst oder Winter? Die meisten Hochzeiten finden in den Monaten Mai, Juni, Juli und August statt. Caterer, Zulieferer und Floristen haben in dieser Zeit höhere Preise. Viele Locations sind ausgebucht. Denken Sie an Feier- und Brückentage sowie an die Ferien. Im Juli werden viele Freunde verreist sein. Stimmen Sie eventuell den Termin im Vorfeld mit Ihren Gästen ab, insbesondere wenn Sie Freunde oder Verwandte im Ausland haben. Sie können es aber auch darauf ankommen lassen – Hochzeitseinladungen werden meist wahrgenommen. Gibt es einen schöneren Grund zu feiern? Wenn Sie auf die Mondphasen achten, heiraten Sie bei zunehmendem Mond. Das bringt Glück in der Ehe, und Nachwuchs ist Ihnen gewiss.

Möchten Sie lediglich eine standesamtliche Eheschließung oder auch eine kirchliche oder zeremonielle Trauung? Wenn Letzteres: Möchten Sie alles auf einen Tag legen oder an mehreren Tagen feiern? Vielleicht kommt für Sie auch ein Wedding-Weekend in Frage. So hatte die katholische Kirche früher sogenannte geschlossene Zeiten, während deren nicht geheiratet werden durfte. Dies waren die Zeiten, in denen zur Umkehr und Besinnung angehalten wurde. Dazu gehörten die Fastenzeit, der Advent und Feiertage wie Allerheiligen. Heute spielt auch in der Kirche die geschlossene Zeit keine Rolle mehr, und Sie können heiraten, wann Sie möchten. Vielleicht verbindet Sie ein gemeinsames Hobby oder ein ganz besonderer Ort. Dann überlegen Sie sich, ob Sie die Feierlichkeiten nach einem speziellen Thema ausrichten oder an einer bestimmten Location stattfinden lassen möchten. Kon-trollieren Sie Ihre Vorstellungen von Ihrem schönsten Tag im Leben auf Machbarkeit, insbesondere im Hinblick auf das Ihnen zur Verfügung stehende Budget.

### Franks Spezial-Tipp

*Auf keinen Fall zu früh und zu viele Leute vorab informieren. Wenn der Termin noch nicht feststeht, könnten Kommentare kommen wie: „Ach, da wollten wir in den Urlaub fahren…" → Garant für die erste Missstimmung…*

Wer gut plant, spart viel Geld. Tun Sie sich den Gefallen, und seien Sie bei Ihrer Kostenplanung realistisch. Es macht keinen Sinn, wenn die Rechnung zum Schluss nicht aufgeht oder Sie sich über Jahre hinaus verschulden. Ganz traditionell bezahlt der Brautvater das Hochzeitfest. Vielleicht finden Sie ja Unterstützung bei den Eltern,

### Franks Spezial-Tipp

*Wenn viele Gäste von weit her anreisen müssen oder wenn die Hochzeit sogar im Ausland stattfindet, empfiehlt es sich, eine Save-the-Date-Karte loszuschicken, damit sich jeder rechtzeitig auf das Datum der Feier einstellen kann. Vorteil: Sie müssen noch keine weiteren Angaben machen!*

Großeltern oder vielleicht den Paten, die sich an den Kosten beteiligen. Eine gute Idee und hilfreich ist die Einrichtung eines Kontos, von dem alle Ausgaben für die Hochzeit abgehen. So bewahren Sie nicht nur den Überblick, sondern vermeiden auch Unstimmigkeiten mit Ihrem zukünftigen Ehepartner. Legen Sie einen speziellen Hochzeitsordner an, und machen Sie eine detaillierte Aufstellung über die zu erledigenden Dinge. Outfit, Ringe, Blumen, Location, Catering, Dekorationen, Fotos, Anzeigen und Einla-

# Der Kostencheck

## Standesamtliche Trauung

*Einladungen*

*Kleidung Braut*

*Kleidung Bräutigam*

*Transport des Brautpaars*

*Trauungslokal*

*Aperitif nach der Trauung*

*Nachtessen*

*Getränke*

*Blumen / Dekoration*

*Musik / Unterhaltung*

## Hochzeitstag

*Brautkleid*

*Accessoires Braut*

*Anzug Bräutigam*

*Accessoires Bräutigam*

*Frisur Braut*

*Frisur Bräutigam*

*Kosmetikstudio Braut und Bräutigam*

*Einladungen / Hochzeitsanzeigen*

*Trauringe*

*Brautstrauß*

*Blumenschmuck*

*Dekorationen*

*Fotograf*

*Fotoalbum*

*Videofilmer*

*Kirche / Trauungslokal*

*Kirchenmusik / Organist*

*Limousine / Oldtimer / Kutsche*

*Aperitif nach der Trauung*

*Ausflug für geladene Gäste mit
Gesellschaftscar / Schiff / Nostalgiezug*

*Kaffee und Kuchen während des Ausflugs*

## Hochzeitsfeier

*Namenskärtchen*

*Tischkärtchen*

*Tisch- / Raumdekoration*

*Raummiete (sofern nicht im Hotel oder
Restaurant)*

*Partyservice*

*Nachtessen z. B. im Restaurant oder Hotel*

*Aperitif, Getränke während des Essens*

*Elektronische Geräte: Projektor / Lautsprecher /
Musikabspielgeräte etc.*

*Band / DJ / Alleinunterhalter*

*Showeinlage: Clown, Magier, Tanz, Gesang etc.*

*Hochzeitstorte*

*Mitternachts-Feuerwerk*

*Hochzeitszeitung*

*Gästegeschenke*

*Schlummertrunk / Champagner*

*Taxidienst für Hochzeitsgäste*

*Übernachtung von Gästen (oder nur von
Familienmitgliedern)*

*Hochzeitssuite*

*Brunch (es trifft sich ein Teil der Hochzeits-
gesellschaft zum gemütlichen Brunch nach
dem Hochzeitstag)*

*Reinigungsservice (wenn Feier nicht im Hotel
oder Restaurant)*

## Nicht vergessen

*Dankeskarten*

*Geschenk an Trauzeugen*

*Trinkgelder für gesamte Hochzeit (Chauffeur,
Servicepersonal etc.)*

## Honeymoon

*Hochzeitsreise: Flitterwochen in der Ferne*

*Taschengeld für die Hochzeitsreise*

*Wenn das Budget knapp ist, sollte man zum einen kreativ werden und z. B. aus Alltagsgegenständen durch Umgestaltung Dekorationen „zaubern", zum anderen Familie und Freunde einspannen und z. B. einen „Bastelabend" veranstalten, bei dem alle gemeinsam Tischkarten, Menükarten, Kirchenhefte etc. gestalten.*

dungen. Lassen Sie sich Kostenvoranschläge geben, und vergleichen Sie. Zu guter Letzt addieren Sie noch 10 %, und Sie haben die ungefähren Kosten Ihrer Hochzeit. Die teuerste Hochzeit aller Zeiten fand zwischen

Liza Minelli und David Gest statt. Sie kostete 3,5 Mio. Dollar. Dicht gefolgt von Paul McCartney und Heather Mills mit 3 Mio. Dollar und Elizabeth Hurley und Arun Nayar mit 2,5 Mio. Dollar.

*Ein individuelles Design gibt Ihrer Hochzeit eine ganz persönliche Note.*

*Denken Sie daran: Einem alten Brauch zufolge soll der Bräutigam Ihr Hochzeitskleid nicht vor dem großen Tag sehen.*

## PERSONALIZE YOUR WEDDING

Der Wedding-Trend für Individualisten und perfektes Stilmittel, Ihrer Lebensart Ausdruck zu geben. Verleihen Sie Ihrer Hochzeit

*Mittlerweile ist es möglich, jedes Motiv am Computer zu erstellen und dann auf ein Kleidungsstück, auf ein Kissen oder auch einen Tischläufer sticken zu lassen. Oder auf Taschentücher. Die können Sie auch unter den Gästen verteilen, Tränen wird's bestimmt genug geben.*

Ihr eigenes Corporate Design. Entwerfen Sie ein Logo nach Ihren Vorstellungen, lassen damit Siegel und Prägezangen anfertigen, und versehen Sie Einladungs-, Tisch- und Menükarte mit heißem Wachs. Statt Wachs können Sie beispielsweise auch Schokolade verwenden und haben damit ein perfektes Gestaltungselement für eine Schokoladen-Hochzeit. Lassen Sie Dekorationsmittel und Utensilien für den schönsten Tag in Ihrem Leben individuell bedrucken, ob Gläser, Servietten, Geschirr oder Weinflaschen – ideal übrigens auch für Ihre Gastgeschenke zum Andenken an eine traumhafte Hochzeit.

## DIE EINLADUNG

Ihre Hochzeitseinladung ist das Erste, was Ihre Gäste von dem bevorstehenden Ereignis mitbekommen. Die Einladungskarten sollten möglichst viele Informationen für die Gäste enthalten und in Wortwahl und Aufmachung dem Stil Ihrer Hochzeit entsprechen. Heira-

*Franks Spezial-Tipp*

*Wenn Sie eine schöne Handschrift haben, schreiben Sie Ihre Einladungen selbst. Das ist allemal individueller als vorgefertigte Einladungen aus dem Handel. Besorgen Sie sich Pergamentpapier und einen schönen Füllfederhalter, und los geht's. Anstatt eine Anfahrtsskizze aus dem Internet herunterzuladen, zeichnen Sie die Location in Form einer Schatzkarte. Für den richtigen Look kokeln Sie die Ränder etwas an.*

ten Sie an einem ganz besonderen Ort oder haben Sie Ihre Hochzeit unter ein Motto gestellt, sollte man das Ihrer Einladung ansehen. Zur klassischen Variante passt zum Beispiel eine Einladung, die auf dem Stoff Ihres Brautkleides gedruckt ist. Dekorieren Sie mit Trauringen, betenden Händen oder Tauben. Gepresste Blumen künden von einem ländlichen Stil. Wenn Wasser Ihr Thema ist, verschicken Sie eine Flaschenpost. Zu einer Sommerparty passen bedruckte Luftballons. Oder schreiben Sie Ihre Einladung auf einen Fächer. Eine Tafel Schokolade weckt süße Vorahnungen bei Ihren Gästen. Gestalten Sie

eine Collage aus den gemeinsamen Reiseorten. Nehmen Sie eine CD oder eine DVD auf. Oder wie wäre es mit einer E-Mail mit den Zugangsdaten für eine von Ihnen gestaltete Website?

Die Einladung sollte neben den genauen Angaben zum Ort und zur Zeit der Trauung einen Termin für die Rückantwort enthalten. Spätestens vier Wochen vor der Hochzeit sollten alle Zu- und Absagen vorliegen und die genaue Gästezahl somit feststehen. Denken Sie auch an den frankierten Briefumschlag für die Antwortkarten. Und nennen Sie eine Telefonnummer, wo immer jemand erreichbar ist – im schlechtesten Fall der Anrufbeantworter und im besten Fall der Weddingplaner oder ein Zeremonienmeister, z. B. ein Trauzeuge. Nennen Sie keinen festen Termin, müssen Sie erfahrungsgemäß den meisten Gästen hinterhertelefonieren.

Teilen Sie Ihren Gästen auf der Einladung unbedingt mit, ob Sie eine bestimmte Klei-

*Bei einer Mittelalter-Hochzeit kleiden sich die Gäste dem Motto entsprechend.*

## Hochzeitssprüche und Zitate für Ihre Einladungskarten

*Eheleute, die sich lieben, sagen sich tausend Dinge, ohne sie zu sprechen. (Chinesisches Sprichwort)*

*Weich ist stärker als hart, Wasser stärker als Fels, Liebe stärker als Gewalt. (Hermann Hesse)*

*Geliebt wirst du einzig, wo du schwach dich zeigen darfst, ohne Stärke zu provozieren. (Theodor W. Adorno)*

*Wer absolute Klarheit will, bevor er einen Entschluss fasst, wird sich nie entschließen. (Henri-Frédéric Amiel)*

*Eine Ehe ist ein Bauwerk, das jeden Tag neu errichtet werden muss. (André Maurois)*

*Die Ehe ist die Vereinigung zweier göttlicher Funken, auf dass ein dritter auf Erden geboren werde. (Khalil Gibran)*

*Wer den anderen liebt, lässt ihn gelten, so wie er ist, wie er gewesen ist und wie er sein wird. (Michael Quoist)*

*Die Liebe allein versteht das Geheimnis, andere zu beschenken und dabei selbst reich zu werden. (Clemens Brentano)*

*Jeder geliebte Mensch ist der Mittelpunkt eines Paradieses. (Novalis)*

*Einen Menschen lieben heißt, ihn so zu sehen, wie Gott ihn gemeint hat. (Fjodor M. Dostojewskij)*

*Einen Menschen lieben heißt einwilligen, mit ihm alt zu werden. (Albert Camus)*

*Die Ehe ist der Anfang und der Gipfel aller Kultur. (Johann Wolfgang von Goethe)*

*Wahre Liebe geht aus der Harmonie der Gedanken und dem Gegensatz der Charaktere hervor. (Théodore Simon Jouffroy)*

derordnung wünschen. Ein sehr wichtiger Punkt, nicht nur, wenn Sie zum Beispiel unter einem bestimmten Motto heiraten. Das

*Franks Spezial-Tipp* ———————

*Entwerfen Sie ein ansprechendes und kreativ gestaltetes Formular für die Rückantworten. Dies kann zum Beispiel ein kleiner Fragebogen sein, den die Gäste ausfüllen. Wichtig: Er sollte alle wichtigen Informationen über die Gäste enthalten, zum Beispiel, mit wie vielen Personen – vor allem Kindern – sie kommen, ob sie vegetarisches Essen möchten oder ein Zustellbett benötigen.*

erleichtert den Gästen die Kleiderwahl und ist unter Umständen in entscheidendem Maße für das Gelingen der Feier verantwortlich. Overdressed oder underdressed – welcher Gast würde sich da noch wohlfühlen? Damit alle Hochzeitsgäste zur richtigen Zeit am richtigen Ort sind, legen Sie der Einladung einen Anfahrts- und Lageplan bei. Auch im Zeitalter der Navigatoren und Autopiloten erleichtert ein solcher gerade ortsfremden Gästen die Orientierung. Und signalisiert zudem: Wir tun alles, damit du zu unserer Hochzeit kommst! Er sollte immer separat der Einladung beigelegt werden.

*Auch Ihre Gäste freuen sich über einen zeitlichen Überblick über das Fest, den Sie der Einladung beifügen.*

damit diese nicht überladen wird, in Form und Stil sollte er aber der Karte angepasst werden. Für auswärtige Gäste ist es wichtig, dass in der Nähe der Hochzeitslocation Übernachtungsmöglichkeiten zur Verfügung stehen. Überlassen Sie es auf keinen Fall Ihren Gästen, sich nach einem Hotel oder einer Pension umsehen zu müssen. Es entspricht absolut der Etikette, wenn die Gäste für die anfallenden Übernachtungskosten selbst aufkommen. Denken Sie daran, auch preiswerte Zimmer anzubieten.

Freuen werden sich Ihre Gäste auch über Angaben zum Ablauf des Tages, eine Telefonnummer für Rückfragen, Kontaktadressen zu Ansprechpartnern wie Brauteltern und Trauzeugen.

Um Ihren Gästen die Geschenkwahl zu erleichtern, geben Sie einen kurzen Hinweis in der Einladung. So vermeiden Sie eine dritte Tortenplatte in Ihrem Geschirrschrank. Traditionell wird von den Brautleuten ein Hochzeitstisch in einem Fachgeschäft zusammengestellt. Im Internet gibt es inzwischen Anbieter von programmierten und an Online-Shops angebundenen Hochzeitstischen. Die meisten Brautleute verfügen heute jedoch über einen gemeinsamen und gut ausgestatteten Haushalt. Beliebt sind daher eher Geldgeschenke. Ganz im Trend liegen Charity-Geschenke. Entweder gibt das Brautpaar eine etwaige Spendennummer direkt mit der Einladung an oder das Geld wird auf einfallsreiche Art und Weise am Tag der Hochzeit gesammelt, um später von den frisch vermählten Eheleuten dem Charity-Projekt übergeben zu werden. Ein nobler Start ins Eheglück!

**Bild rechts:** *Eine originelle Box für Charity- oder Geldgeschenke.*

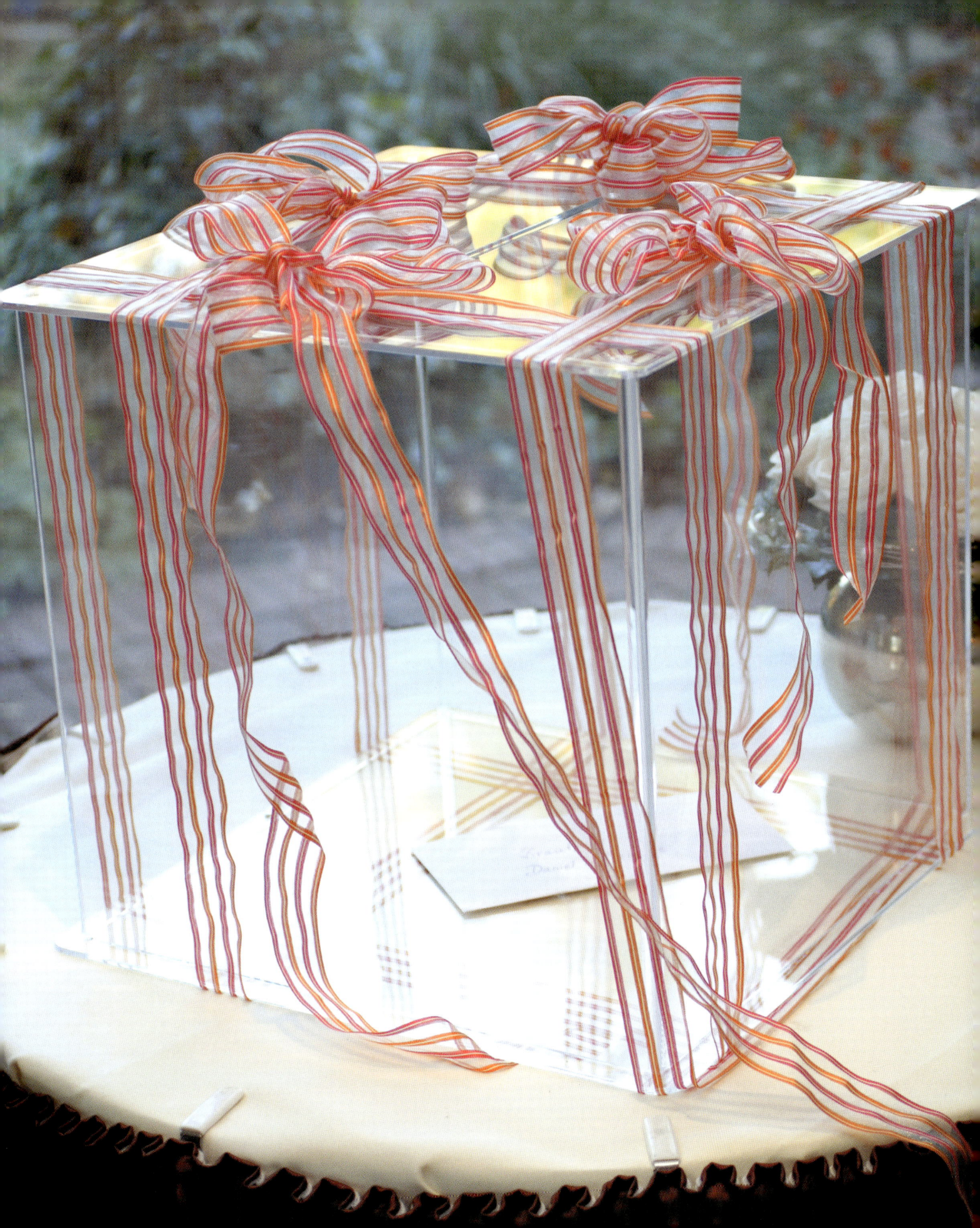

## BEST MEN

In Schottland wird der Trauzeuge *best man* genannt. Die Bezeichnung stammt aus den Zeiten, in denen der Trauzeuge eher ein Komplize war. Wollte ein Mann eine bestimmte Frau, so nahm er sie sich einfach. Um gegen eventuelle Übergriffe der Familie der Frau gewappnet zu sein, suchte sich der vermeintliche Bräutigam die besten und tapfersten Männer unter seinen Freunden aus. Diese Zeiten sind längst vorbei. Heute ist die eigentliche Aufgabe der Trauzeugen, die Eheschließung zu bezeugen und den Eheleuten mit Rat und Tat, in guten und in schlechten Zeiten zur Seite zu stehen. In Deutschland bleibt es seit dem 01.07.1998 Ihnen überlassen, ob Sie Trauzeugen zu Ihrer standesamtlichen Eheschließung wünschen. In der katholischen Kirche sind weiterhin zwei Trauzeugen obligatorisch, die evangelische Kirche verzichtet in Anlehnung an das Ehe-

schließungsgesetz von 1998 auf Trauzeugen. Trauzeugen bezeugen aber nicht nur Ihre Liebe, sie übernehmen viele Aufgaben in der Vorbereitungszeit sowie am eigentlichen Hochzeitstag. So stehen sie dem Brautpaar bei der Kleiderfrage zur Seite, was viel Geduld erfordert. Oberstes Gebot bei der Outfit-Beratung ist Feingefühl und Ehrlichkeit. Vor der Hochzeit organisieren sie einen dem Brautpaar würdigen Junggesellenabschied und stehen auch bei der Durchführung des Polterabends parat, von der Ausgestaltung der Räumlichkeiten über die Musik bis hin zum Zapfpersonal. Die Trauzeugen sind in jedem Fall Ihre *best men*. Am Tag der Hochzeit spielen sie Chauffeur, haben eventuell notwendiges Kleingeld in der Tasche, sorgen dafür, dass die Trauringe im richtigen Moment am richtigen Ort sind, sind Koordinator und seelischer Beistand in einer Person. Sie kümmern sich während der Feier um

*Die Trauzeugen – die zweitwichtigsten Personen an diesem Tag.*

alle auftretenden Probleme und halten Ihnen den Rücken frei, so dass Sie nur genießen und auf Ihrer himmlischen Hochzeit bis in den frühen Morgen sorglos ins Eheglück tanzen können.

Aber nicht nur die Trauzeugen, auch Ihre Eltern, Brautjungfern und Blumenkinder werden Ihnen am Hochzeitstag zur Seite stehen. Nehmen Sie die Hilfe ruhig an. Denn eintausend Dinge wollen bis ins Detail geplant sein. Die Brautmutter wird es lieben, bei den Hochzeitsvorbereitungen zu helfen. Ob das Management der Anreise und die

*Der Brautvater spielt bei Hochzeiten traditionell eine wichtige Rolle.*

Hotelbuchungen für auswärtige Gäste, die Terminkoordination von Druckereien und Lieferanten oder als Ansprechpartnerin für Fragen der Gäste. Sie organisiert im Hintergrund und erledigt alle Aufgaben, für die Sie keine Zeit haben. Nach altem Brauch ist sie auch für das Backen der Hochzeitstorte zuständig. Heute klärt sie diesbezügliche Fragen mit dem Konditor. Auch für den Brautvater ist der Hochzeitstag seiner Tochter ein ganz bedeutender Tag. Schließlich

gibt er die Verantwortung, die er bisher für Sie getragen hat, ab und in die Obhut eines anderen Mannes. Auch wenn diese Vorstellung antiquiert ist, so ist es gerade das, was so manchem Vater die Tränen in die Augen treibt. In den Zeiten, als die Mitgift noch Tradition war, gehörte es zu den Aufgaben des Brautvaters, für die Kosten der Hochzeitsfeierlichkeiten aufzukommen. Heute obliegt dem Brautvater lediglich noch die Pflicht, die Braut zum Taualtar zu führen, um sie dort dem Bräutigam anzuvertrauen. Eine weitere Aufgabe des Brautvaters ist die Tischrede. Auch wenn heute gern der Bräutigam diese Aufgabe übernimmt, eine kurze, würzige Rede des Brautvaters sollte es auf jeder Hochzeit geben. Die eigentliche Rolle der Brautjungfern ist, böse Geister zu verwirren und sie von der Braut fernzuhalten. Aus diesem Grund tragen sie traditionell ein brautähnliches Outfit. Waren die Brautjungfern dazu bestimmt, die Braut vor spirituellen Gefahren zu schützen, oblag es dem Brautführer, die Braut vor irdischen Drangsalen wie Plünderern und Wegelagerern zu bewahren. Heute übernehmen Brautjungfern und Brautführer allerlei organisatorische Angelegenheiten. Wussten Sie, dass Blumenkinder bereits im Altertum Brauch waren und ihr Ursprung bis ins alte Rom zurückzuverfolgen ist? In der Tat liefen damals Knaben mit Fackeln aus zauberkräftigem Holz dem Brautpaar voran und streuten Rosenblätter. Heute übernehmen die kleinen Söhne und Töchter von Verwandten und Freunden die Aufgabe des Blumenstreuens und tragen dazu bei, der Trauungszeremonie ein ganz besonderes Flair zu verleihen. Der Überlieferung nach soll der Duft der verstreuten Blüten die Fruchtbarkeitsgöttin anlocken und dem jungvermählten Paar Glück, Fruchtbarkeit und reichen Kindersegen bescheren.

# Der Countdown Ihrer Hochzeit

## 12 bis 8 Monate vorher ...

... legen Sie einen Termin für Ihre Trauung fest.

... suchen Sie alle notwendigen Unterlagen zusammen.

... kontaktieren Sie Standesamt, Kirche oder einen freien Theologen.

... stellen Sie einen Kostenplan auf.

... begutachten Sie in Frage kommende Locations.

... stellen Sie eine vorläufige Gästeliste auf.

... entwerfen und gestalten Sie die Einladungskarten, Menükarten, Gastgeschenke und Dekorationen.

... beginnen Sie mit den Planungen für eine eventuelle Hochzeitsreise.

## 6 Monate vorher ...

... sprechen Sie mit der Gemeindepfarrei oder einem freien Theologen und vereinbaren einen Termin für Ihre Trauung.

... buchen Sie Ihre Wedding-Location verbindlich.

... beginnen Sie mit der Suche nach dem passenden Outfit.

... buchen Sie einen Fotografen.

... buchen Sie Ihr Hochzeitsgefährt.

... vergeben Sie eventuelle Design- und Druckaufträge.

... erstellen Sie eine verbindliche Gästeliste.

... planen Sie ein eventuelles Rahmenprogramm.

## 4 Monate vorher ...

... reservieren Sie den Standesamttermin.

... verschicken Sie die Einladungen.

... buchen Sie die Hochzeitsreise.

---

... stellen Sie die Geschenkliste oder den Hochzeitstisch zusammen, oder planen Sie ein Charity-Projekt....

buchen Sie eine Band oder einen DJ, einen Solisten oder anderweitiges Entertainment.

... beginnen Sie mit den Planungen für den Junggesellenabschied für IHN und SIE sowie, falls gewünscht, für den traditionellen Polterabend.

... sprechen Sie geplante Dekoideen mit dem Floristen und den Designern ab.

... suchen Sie die Trauringe aus und lassen Sie sie anfertigen.

... organisieren Sie die Unterkünfte für die auswärtigen Gäste.

... bestellen Sie Ihre Hochzeitstorte.

## 2 Monate vorher ...

... besprechen Sie mit Ihrem Coiffeur die Hochzeitsfrisur und probieren Sie sie aus.

... überprüfen Sie die Gästeliste und die Rückmeldungen.

... besprechen Sie beim Notar Ihren Ehevertrag und lassen diesen aufsetzen.

... bestellen Sie Brautstrauß und die Blumendekorationen für die Location, den Trauungsort, den Bräutigam, die Brautjungfern, die Blumenkinder und das Hochzeitsgefährt.

... besuchen Sie die Kosmetikerin und buchen einen Termin unmittelbar vor der Hochzeit.

... checken Sie nochmals Ihre Hochzeitsreise.

## 4 Wochen vorher ...

... holen Sie die Trauringe vom Juwelier.

... überprüfen Sie alle Papiere.

---

... machen Sie einen großen umfassenden Check. Ist alles gebucht und bestellt? Von der standesamtlichen Trauung über die Trauungszeremonie, die Location, das Catering, die Deko, die Musik bis zum Fotografen?

... veranstalten Sie eine Generalprobe mit Ihrem Outfit. Passt alles? Müssen noch Änderungen vorgenommen werden?

... beginnen Sie, Ihre Hochzeitsschuhe einzutragen. Es gibt nichts Schlimmeres, als den Hochzeitstanz mit Blasen an den Füßen zu eröffnen.

... geben Sie Ihre Vermählungsanzeige in der Presse auf.

## 1 Tag vorher ...

... spätestens jetzt Urlaub nehmen.

... halten Sie alle notwendigen Papiere bereit.

... packen Sie die Ringe ein.

... stecken Sie Ihre Lieblings-CD für die Fahrt in die Tasche.

... bringen Sie alles in Ihrer Tasche unter, was sonst noch notwendig ist, wie Puder, Lippenstift, Blasenpflaster etc.

... versuchen Sie, Ruhe zu bewahren. Nehmen Sie ein heißes Bad, und trinken Sie ein schönes Glas Rotwein. Legen Sie einen Beauty- oder Wellness-Tag ein.

## Am Hochzeitstag ...

... sollten Sie auf jeden Fall frühstücken.

... eine Vertrauensperson zum Friseur und zur Kosmetikerin zum Händchenhalten mitnehmen.

... Ihren Hausschlüssel beim Verlassen des Hauses nicht vergessen.

... extrem guter Laune sein und den Tag in vollen Zügen genießen!

# Reine Verwaltungssache

So romantisch und verträumt Sie Ihrem schönsten Tag auch entgegensehen,
ohne Papier- und Dokumentenarbeit geht es leider nicht. Für Ihre Trauung
benötigen Sie eine Menge an Unterlagen, und Sie sollten sich rechtzeitig
darum kümmern. Bedenken Sie, dass dabei Kosten auf Sie zukommen.
Das gilt für das Standesamt wie für die Kirche und einen etwaigen freien Theologen.

**Bild links:** *Der gemeinsame Start ins Eheglück will gut vorbereitet sein.*
*Alle notwendigen Dokumente und Unterlagen sind zu beschaffen.*

## DAS STANDESAMT

Bei der Anmeldung zur Eheschließung haben die zukünftigen Ehepartner grundsätzlich persönlich beim Standesamt zu erscheinen.

Ausnahmen bestätigen aber auch hier die Regel. Erkundigen Sie sich bei Ihrer Stadt-/ Gemeindeverwaltung.

# Das Standesamt

| Dokument | Erläuterung | An wen Sie sich wenden können |
|---|---|---|
| Personalausweis- oder Reisepass | Persönliches Legitimationspapier | Liegt in der Regel vor |
| Familienstands- und Wohnsitzbescheinigung (Aufenthaltsbescheinigung) | Auskunft über den Familienstand, nicht älter als vier Wochen | Meldebehörde |
| Personenstandsurkunde | Beglaubigte Abschrift aus dem Familienbuch der Eltern, vorausgesetzt, die Eheschließung erfolgte nach dem 01.01.1958 in der ehemaligen Bundesrepublik Deutschland | Standesamt am Wohnort der Eltern |
| oder Abstammungsurkunde | Notwendig, wenn die Eheschließung der Eltern vor dem 01.01.1958 erfolgte, die Eltern in der ehemaligen DDR geheiratet haben oder nicht verheiratet sind | Standesamt Ihres Geburtsortes |
| Freiwillig: Diplom- oder Promotionsurkunde | Der akademische Grad kann auf Wunsch in der Heiratsurkunde aufgenommen werden. | Gegebenenfalls beim Dekanat der Universität, an der der Abschluss erfolgte |
| Nachweis der Staatsangehörigkeit | Speziell bei ausländischen Mitbürgern | Bei der Ausländerbehörde |
| Vollmacht | Kann ein Ehepartner aus wichtigem Grund zur Anmeldung der Ehe nicht erscheinen, so kann er jemanden bevollmächtigen. | Standesamt der Heimatgemeinde |
| Heiratsurkunden und Scheidungsurkunden | Heiratsurkunden aus früheren Ehen sind mit den rechtskräftigen Scheidungsurteilen vorzulegen. | Liegen in der Regel vor |

## DAS NAMENSRECHT

Das Ehepaar kann sich für einen gemeinsamen Familiennamen entscheiden. Dabei steht es Ihnen frei, für welchen Namen Sie sich entscheiden. In Deutschland besteht grundsätzlich keine Pflicht, einen gemeinsamen Namen anzunehmen. Beide Partner können ihren jeweiligen Familiennamen beibehalten. Bezüglich der Nachkommen ist zu entscheiden, ob diese den Namen des Vaters oder den der Mutter annehmen. Kinder erhalten bei der Geburt den gemeinsamen Familiennamen, ein Doppelname ist als Geburtsname nicht erlaubt.

Eine weitere Möglichkeit ist der Begleitname. Das bedeutet, dass der Partner, dessen Name nicht der Familienname ist, einen Doppelnamen führt. Kinder erhalten bei der Geburt den gemeinsamen Familiennamen, ein Doppelname ist als Geburtsname nicht erlaubt.

## DER EHEVERTRAG

Ohne Ehevertrag leben die Eheleute automatisch in einer Zugewinngemeinschaft. Das heißt, jedem Partner gehört das, was er in die Ehe eingebracht hat. Was in der Ehe gemein-

*Wer sich traut, kommt am Standesamt nicht vorbei. Hier findet, zumindest juristisch, die eigentliche Eheschließung statt.*

sam erwirtschaftet wird, gehört beiden Partnern. Ausnahmen sind Erbschaft und ein Lottogewinn. Diese bleiben im Besitz des jeweiligen Erben bzw. Lottogewinners. Sollte er auch in der Ehe im Lotto gewinnen oder eine Erbschaft machen, so bleibt dieses Vermögen sein Eigentum. Lassen sich die Ehepartner scheiden, hat der finanzschwächere Partner Anspruch auf Unterhaltszahlung, Zugewinn- und Versorgungsausgleich. Der Zugewinn, der seit dem Tag der Hochzeit erworben wurde, wird geteilt. Das gilt auch für die Rente.

Ein Ehevertrag empfiehlt sich, wenn eine Abweichung vom obigen Gesetz geregelt werden soll. Als Alternative dazu gibt es die Möglichkeit der Gütertrennung oder der Güter-gemeinschaft. Die Verträge müssen notariell beglaubigt werden.

Bei der Gütertrennung besitzen die Ehepartner jeweils ein eigenes Vermögen. Der Zugewinn steht nicht beiden Partnern zur Verfügung, sondern demjenigen, der den Gewinn erwirtschaftet hat. Ein Muss ist die Auflistung der jeweiligen aktuellen Besitzstände.

Bei der Gütergemeinschaft wird das Vermögen der Eheleute zum vollständigen gemeinschaftlichen Vermögen, über das keiner der Eheleute allein verfügen darf. Arbeitseinkommen, Schenkungen, Erbschaften etc. sind Gesamtgut. Bei einer Scheidung erhält jeder Ehegatte den gleichen Anteil, ausgenommen notariell vereinbarte Ausnahmen.

## Die kirchliche Trauung

| Dokument | Erläuterung | An wen Sie sich wenden können |
|---|---|---|
| Personalausweis | Persönliches Legitimationspapier | Liegt in der Regel vor |
| Taufschein | Nachweis der Taufe | Liegt in der Regel vor |
| Konfirmationsschein | Nachweis der Konfirmation | Liegt in der Regel vor |
| Schriftliche Anmeldung der Eheschließung | Nachweis der Anmeldung der Ehe | Erhält das Paar nach der Anmeldung der Ehe vom Standesamt. |
| Heiratsurkunde | Nachweis der Heirat | Standesamt der Heimatgemeinde |
| Dispens von der Form | Bei konfessionsübergreifender Trauung, wenn die Trauung in einer evangelischen Kirche unter Mitwirkung des katholischen Priesters stattfindet. | Gemeindepfarramt |

**Bild rechts:** So romantisch eine kirchliche Trauung auch sein mag – ohne Papierkram geht es auch hier nicht.

# Sie

Die Braut ist unbestritten die Hauptperson der Hochzeit. Sie ist der Mittelpunkt
der Gesellschaft und die Attraktion des Tages. Grund genug, sich frühzeitig mit der Frage
nach dem passenden Outfit zu beschäftigen. Schließlich möchten Sie die Schönste sein
und Ihre Kompetenz in Sachen Styling beweisen!

**Bild links:** *Ihre Hochzeit, der wichtigste Tag in Ihrem Leben,
ist die Gelegenheit, Ihr Traumkleid zu tragen.*

Wenn Sie sich nicht sicher sind, welcher Stil am besten zu Ihnen passt, lassen Sie sich fachmännisch beraten. So werden Sie herausfinden, welche Farben mit dem Ton Ihrer Haut aufs Beste harmonieren und welche Schnitte und Stoffe Ihren Wünschen und Körperformen gerecht werden. Ganz im Einklang mit Ihrer Individualität werden Sie sich dann in Ihrem Hochzeitsoutfit mehr als wohlfühlen und als strahlende Braut das Highlight des Tages sein.

## DIE BRAUT GANZ BEAUTY

Pflegende und dekorative Kosmetik sind nicht eine Erscheinung unserer Zeit. Bereits die Ägypter reinigten und pflegten ihre Haut sehr sorgfältig. Bäder, Massagen und Öle sowie Cremes und Schminke gehörten zur täglichen Pflege. Die Schönheiten Ägyptens, Nofretete und Kleopatra, trugen den typischen breiten Lidstrich und die bis zur Schläfe verlängerte Augenbraue sowie rostrot gefärbte Lippen. Bekannt sind Kleopatras Bäder in Stuten- und Eselsmilch. Schminke und Cremes verwahrten die Ägypter in elastischen Pflanzenstängeln. Die Griechen übernahmen die Kenntnisse der Ägypter. Körperpflege und Düfte sowie Sport, um einen ansehnlichen und wohlproportionierten Körper zu erlangen, waren ihnen sehr wichtig. Die Römer hielten ihre Körper fit mit Schwitzbädern und Massagen. Neben Salben und Ölen kannten auch sie die Schminke in Form von Lippenstift aus Zinnober oder Wimperntusche aus gebranntem Kork und Bleiglanzpulver. Während des Mittelalters bis zur Französischen Revolution verlor die Körperpflege an Bedeutung. Wasser stand im Verdacht, die Pest auszulösen. Mangelnde Hygiene ersetzte man durch Puder und Parfum. So gab es in Versailles, dem Schloss von Sonnenkönig Ludwig dem XIV., nur zwei

*Mit den richtigen Utensilien schaffen Sie ein tadelloses Make-up.*

*Kunstvoll wird zum Stil der Hochzeit passender Schmuck ins Haar eingeflochten.*

Badezimmer und keine einzige Toilette. Mit Napoleon kamen Seife und Wasser wieder zu neuen Ehren. Puder, Düfte und Schminke wurden aber nur sparsam verwendet. Bis zu Beginn des 20. Jahrhunderts war Hygiene eine Selbstverständlichkeit, und auch die dekorative Kosmetik setzte sich endgültig durch. Heute gehört ein leichtes Make-up zum täglichen Erscheinungsbild. Ein Braut-Make-up fällt natürlich etwas üppiger aus.

Das heißt aber nicht unbedingt auffallend und grell, sondern eben professionell. Wenn Sie sich das Geld für eine Kosmetikerin sparen möchten, lassen Sie sich in einer gut sortierten Parfümerie beraten. Und wagen Sie keine allzu großen Experimente. Unterstreichen Sie Ihr individuelles Erscheinungsbild, Ihre Vorzüge und starken Seiten. Vielleicht haben Sie besonders ausdrucksstarke Augen. Dann betonen Sie sie. Wenn Sie schöne Lippen haben, setzen Sie sie in Szene. Schaffen Sie einen Blickfang, und betonen Sie den Teil Ihres Gesichtes, der Ihnen am besten gefällt.

Beginnen Sie in jedem Fall mit einem Peeling und einer anschließenden Feuchtigkeitsmaske. Das reinigt und entspannt die Haut, das Make-up lässt sich leichter auftragen, gleichmäßiger verteilen und wird haltbarer. Schließlich haben Sie einen langen Tag vor sich. Wenn Sie etwas zusätzliche Farbe und Frische in Ihr Gesicht und auf Ihr Dekolleté zaubern möchten, benutzen Sie einen Selbstbräuner. Sollten Sie tagsüber unter freiem Himmel feiern, besorgen Sie sich Make-up mit einem Sonnenschutzfaktor. Sonst stehen Sie am frühen Abend mit krebsroter Stirn und Nasenspitze am Buffet. Benutzen Sie beim Augen-Make-up keine stark metallisch glänzenden Lidschatten, denn sie sind aufgrund der starken Reflektion der Pigmente nicht fototauglich. Kräftig getuschte Wimpern, eine schöne Lippenstiftfarbe und ein Hauch von Rosé auf die Wangen machen den Look perfekt. Eine professionelle Pedi- und Maniküre runden das Erscheinungsbild ab. Der Nagellack sollte dabei mit dem Lippenstift harmonieren, der wiederum zum restlichen Outfit passen.

Eine von Kopf bis Fuß gepflegte Erscheinung beginnt mit der Frisur. Wenn es um Ihre Hochzeitsfrisur geht, planen Sie einen Probetermin bei Ihrem Friseur ein. Sonst

# Beauty-Tipps

Damit Ihr Make-up natürlich aussieht, ist der ideale Farbton nicht dunkler als Ihr natürlicher Teint. Testen Sie am Halsansatz.

Tragen Sie Ihr Make-up nicht zu dick auf, dann wirkt es wie eine Maske. Ob Sie nun flüssiges Make-up oder Kompakt-Make-up benutzen, verteilen Sie es von der Mitte nach außen.

Mattieren Sie Ihr Make-up mit einem Hauch von transparentem Puder. So vermeiden Sie glänzende Stellen an Stirn, Nase oder Kinn.

Beim Auftragen von Puder immer von oben nach unten arbeiten, nie umgekehrt.

Verwenden Sie bei flüssigem Make-up Cremerouge, bei festem Make-up Puderrouge. So gibt es keine Flecken.

Tragen Sie das Rouge in einem leichten Bogen vom Ohr bis zur Gesichtsmitte auf die Wangenknochen auf. Aber nur einen Hauch, sonst wirkt es wie angemalt.

Ihre Brauen prägen Ihren Gesichtsausdruck. Zupfen Sie die Brauen nach ihrem natürlichen Verlauf. Achten Sie darauf, dass die Innenseiten breiter sind und nach außen schmal auslaufen. Zupfen Sie nicht zu schmal. Das wirkt unnatürlich.

Tragen Sie Augenbrauenstift in Wuchsrichtung auf. Wählen Sie Farben, die etwas dunkler sind als der Ton Ihrer Haare und keinen unnatürlichen Kontrast bilden.

Fixieren Sie die Augenbrauen mit etwas Haarspray, das Sie auf einem Wattestäbchen auftragen.

Dunkle Farben vertiefen und verkleinern, helle Farben vergrößern und heben hervor. So verzichten Sie auf dunkle Lidschatten und üppigen Eyeliner, wenn Sie Brillenträgerin sind.

Wenn Sie eng beieinanderstehende Augen haben, betonen Sie das äußere Drittel der Brauen. Stehen Ihre Augen weit auseinander, setzen Sie die Betonung auf das innere Drittel.

Der Lidschatten sollte immer mit der Augenfarbe harmonisieren. Cremiger Lidschatten setzt sich schneller in den Augenfalten ab.

Verwenden Sie wasserfeste Mascara, damit sie bei bewegenden Momenten nicht verläuft. Und diese Momente wird es geben!

Wenn Sie etwas Grundierung auf die Lippen geben, hält der Lippenstift wesentlich länger. Anschließend Lippenlinien mit einem Konturenstift nachziehen. Die Farbe sollte zum natürlichen Ton Ihrer Lippen passen und auf die Lippenstiftfarbe abgestimmt sein. Vermeiden Sie unbedingt zu dunkle Farbtöne. Diese bleiben als dunkle Ränder, wenn der Lippenstift langsam verblasst.

Lippen werden voller, wenn Sie oberhalb des Lippenrandes mit der abgeflachten Spitze des Konturenstiftes arbeiten.

Tragen Sie die Farbe von der Mitte ausgehend mit einem Pinsel auf; Lippen mit Kosmetiktuch abtupfen und eine weitere Farbschicht auftragen.

Schmale Lippen wirken mit hellem Lippenstift und Gloss größer und voluminöser.

Dunkle Farbnuancen machen die Lippen schmaler und wirken härter.

Wimpern wirken voller mit einem dünnen Lidstrich. Straffen Sie das Lid, und tragen Sie dann den Lidstrich auf. Am oberen Lid wird der Strich nach außen breiter. Vorsicht: Kajal und Lidstrich lassen die Augen kleiner wirken. Verwenden Sie sie also sparsam.

Vermeiden Sie Fliegenbeine, indem Sie die Mascara vom Ansatz bis zur Spitze mit leichten Rüttelbewegungen mehrmals auftragen.

## Die optimale Hochzeitsfrisur für Ihre Gesichtsform

**Ovales Gesicht**

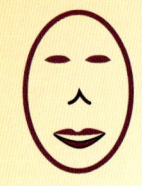

Die ovale Gesichtsform ist ideal und lässt sich mit allen Frisuren gut kombinieren. Besonders harmonisch sind Frisuren mit viel Volumen am Oberkopf.

**Rundes Gesicht**

Hochsteckfrisuren schmeicheln dem runden Gesicht und lassen es schmaler wirken. Dabei sollte das Volumen weit oben auf dem Hinterkopf sitzen.

**Rechteckiges Gesicht**

Asymmetrische Schnitte, Fransen und lässige Locken sind optimal für das rechteckige Gesicht. Sie lassen es weicher und femininer erscheinen.

**Herzförmiges Gesicht**

Bei einer dreieckigen Gesichtsform sollte das Haar ein optisches Gegengewicht bilden. Plusterige Frisuren und nicht zu viel Pony sind ideal.

gibt es am Hochzeitstag böse Überraschungen. Stimmen Sie die Frisur auch mit dem übrigen Outfit und vor allem mit Ihrem Kopfschmuck ab. Im Trend liegen Frisuren mit natürlichem Touch, die ruhig etwas lockerer aussehen können. Absoluter Klassiker ist die Hochsteckfrisur. Ein paar Strähnen schmeicheln Gesicht und Nacken und geben den Natural Look. Ein passender

Kopfschmuck in Form eines Schleiers, Schmuckspangen, Swarovski-Steine oder blumige Einarbeitungen runden das Styling ab und sind eine perfekte Ergänzung zum übrigen Outfit. Bestellen Sie etwaigen Blütenschmuck rechtzeitig bei Ihrem Floristen. Ein guter Friseur nimmt Ihnen diese Arbeit ab. Haben Sie kurze Haare und möchten dennoch eine Hochsteckfrisur? Dann denken Sie über eine Haarverlängerung nach, oder arbeiten Sie mit zusätzlichen Haarteilen. Ihr Friseur wird Sie hier gut beraten. Vielleicht mögen Sie Ihr Haar aber auch offen und schlicht tragen. Kein Problem. Achten Sie darauf, dass die Haare gepflegt und gut geschnitten sind. So liegt Ihre Frisur perfekt und bekommt Volumen. Egal, für welche Frisur Sie sich entscheiden: Sie sollte vor allem Ihnen gefallen und Ihrem Typ entsprechen.

Planen Sie an Ihrem Hochzeitstag auf jeden Fall ausreichend Zeit für Ihr Beauty-Programm und Ihre Frisur ein. Und packen Sie eine Notfalltasche mit Lippenstift, Puder, Kamm, Nadel und Faden, Sicherheitsnadeln, Nagelfeile, Seidenstrümpfen und Blasenpflaster.

### Franks Spezial-Tipp

*Eine intensive Gesichtsreinigung sollte spätestens 1 Woche VOR der Hochzeit gemacht werden, damit die Haut Zeit hat, sich wieder zu beruhigen.*

*Das Haar bei Hochsteckfrisuren einen Tag vorher waschen, NICHT am Hochzeitstag, dann sind leichtere Verarbeitung und besserer Halt sichergestellt.*

*Make-up auch für den Bräutigam: Das sorgt für ein harmonischeres Gesamtbild als Brautpaar und vor allem auch für einen besseren Look auf den Fotos. Sonst ist möglicherweise der Unterschied zwischen Braut und Bräutigam zu groß.*

*Eine typgerechte Frisur und ein professionelles Make-up vollenden das Outfit und verwandeln Sie in eine strahlend schöne Braut.*

*Bei der Wahl Ihres Hoch-
zeitskleides ist es wichtig,
dass Sie sich rundherum
wohlfühlen.*

## DIE BRAUT IM HOCHZEITSKLEID

Es gibt nur wenige Anlässe, bei denen das Outfit so im Mittelpunkt steht wie auf der eigenen Hochzeit. Um den perfekten Auftritt zu haben, wird ein entsprechend großer Aufwand betrieben, der nicht selten das angesetzte Budget sprengt. In der Mode dienten seit jeher Damen des Hochadels sowie aus Politik und Gesellschaft als Vorbilder und Trendsetter. So wurde das Kleid, das Lady Di 1981 bei ihrer Hochzeit mit Prinz Charles trug, zu einem der meistkopierten Kleider aller Zeiten. Als Letizia Ortiz im Mai 2004 den spanischen Thronfolger Felipe in der Madrider Almudena-Kathedrale heiratete, trug sie eine perlenbestickte Robe aus valencianischer Seide, die Schleppe war fünf Meter lang. Der Brautstrauß bestand aus weißen Lilien. Ihren Kopf krönte ein Diadem, das Sofía von Spanien bei ihrer Trauung 1962 getragen hatte. Liz Hurley trug zu ihrer Hochzeit mit dem indischen Millionär in England im März 2007 eine weiße Robe von Versace. Eine Woche später heirateten die beiden nach hinduistischem Ritual in Indien. Zu diesem Anlass trug Liz einen mit Juwelen besetzten Sari.

Für das richtige Hochzeitsoutfit gibt es keine Vorgaben, Regeln oder Zwänge. Welches Kleid Sie tragen, ist allein Ihnen überlassen. Wenn Sie sich ausschließlich vor dem Standesamt trauen, werden Sie sich vielleicht für ein elegantes Kostüm oder einen schicken Hosenanzug entscheiden. Wie wäre es mit einem Smoking für die Dame? Heiraten Sie nach Riten anderer Kulturen, passt ein Kleid abgestimmt auf die jeweilige Zeremonie. Ob Sari oder Kimono. Vielleicht haben Sie sich das passende Outfit bereits aus Ihrem letzten Urlaub mitgebracht. Heiraten Sie unter einem bestimmten Motto, schauen Sie doch in einem guten Kostümverleih vorbei. Hier

werden Sie eine Robe für Ihre Barock-Hochzeit oder das passende Outfit für Ihr Venetian-Dream-Wedding finden. Schließen Sie den Bund für Ihr Leben in einer Kirche, werden Sie einen Traum in Weiß mit sämtlichen Accessoires tragen wollen. Dabei ist Weiß

*Ihr Outfit sollte Ihrem Typ und dem Stil Ihrer Feier entsprechen, wie hier ein Kleid passend zur Mittelalterhochzeit.*

nicht immer wirklich Weiß. Es gibt viele Farbabstufungen: Beliebt sind Elfenbein, Champagner, beige, Cappuccino, Karamell. und zarte Pastelltöne wie ein Hauch von Rosé oder Pfirsich. Weiße beziehungsweise helle Töne als Brautlook lassen sich bis ins 17. Jahrhundert zurückverfolgen. Sie setzten sich aber erst im 19. Jahrhundert infolge der Einführung der Zivilehe 1875 durch, was die Kirche veranlasste, die christliche Moral besonders zu betonen. Was war geeigneter als eine Braut in der Farbe der Keuschheit und Unschuld? Zum anderen wollte das erstarkende Bürgertum mit dem Einmaligkeitscharakter der Brautausstattung seine Potenz dokumentieren. Darüber hinaus nahm der Hochadel wesentlichen Einfluss auf die Brautmode. Als sich 1840 die englische Königin Viktoria mit Prinz Albert von Sachsen-Gotha vermählte, trat sie in einem weißen Traum aus Seide und Spitze und mit einem kurzen Brautschleier vor den Altar. 1853 heiratete Napoleon der III. die Herzogin Eugénie de Montijo, die in weißen Samt gekleidet war. Als Sissi, die bayerische Prinzessin Elisabeth, 1854 Kaiser Franz Joseph ehelichte, war auch sie in einen Traum von Weiß gewandet. Wie ihr Hochzeitskleid im Detail aussah, ist nicht bekannt. Im Film jedenfalls ist ihr Schleier so lang wie ihre endlose Schleppe. Bis Ende des 18. Jahrhunderts trug man Brautkleider in allen Farben. Bei den Römern war Gelb die vorherrschende Farbe. Im Mittelalter trugen die Bräute bessergestellter Familien Kleider aus wertvollem Brokat, verziert mit Halbedelsteinen und prachtvollen Stickereien in Farben wie Rot, Grün und Blau. Ab dem 16. Jahrhundert setzte sich Schwarz als Modefarbe durch, beeinflusst durch den spanischen Hof. Die ländliche Bevölkerung trug wie seit jeher ihren sogenannten Sonntagsstaat. Ihr war der Luxus eines Brautkleides für nur einen Tag nicht vergönnt.

Heute spielt es keine Rolle, welche Farbe, welchen Schnitt und welche Materialien Sie tragen. Zwar ist Weiß die Farbe der Braut schlechthin, Sie können sich jedoch beruhigt

*Franks Extra-Info*

*Die bei den Promis zur Zeit beliebtesten Hochzeitskleid-Designer sind Vera Wang (z. B. Victoria Beckham, Sarah Michelle Gellar) und Badgley Mischka (Carmen Electra). Catherine Zeta-Jones hat sich von Christian Lacroix ein Kleid auf den Leib schneidern lassen, und Lawrence Steele entwarf das Hochzeitskleid von Jennifer Aniston, als sie Brad Pitt heiratete.*

in andere Töne kleiden. Erlaubt ist, was gefällt. Die Romantikerin wird eine reich mit Perlen und Pailletten besetzte weiße Robe bevorzugen. Elegant, schlicht und puristisch kommt der Empire-Stil mit hochgeschobener Taille und fließenden Stoffen wie Chiffon daher. Frech und trotzdem schick wird's im Retro-Look der 1960er Jahre, als die Bräute

*Franks Spezial-Tipp*

*Wer etwas Persönliches oder Extravagantes möchte, sollte auch einmal bei einem Modedesigner in seiner Stadt anfragen. Oft sind diese Kreationen nicht kostspieliger als ein gutes Kleid „von der Stange". Checken Sie die Secondhand-Designer-Läden. Meist gibt es dort Designer-Roben aus der vorherigen Saison. Wenn Sie genügend Zeit haben, kaufen Sie das Hochzeitskleid im Herbst beim Schlussverkauf und tragen es im nächsten Sommer zu Ihrer Hochzeit.*

kurze Kleider und Plateausohlen trugen. Oder mögen Sie den Stil der Fifties mit weit schwingenden Röcken aus Organza oder Tüll? Zu einem extremen Glamour-Look passen metallicfarbene Kleider sowie silber- oder goldfarbener Satin in schmal geschnittener Linie. Versuchen Sie es mit der Farbe der Liebe. Oder mit einem kräftigen Blau zur Wasser-Hochzeit. Vielleicht sind Sie aber auch eine mutige Trendsetterin, und Ihnen würde auch Schwarz stehen!

*Franks Tipp*

*Probieren Sie viele unterschiedliche Kleiderformen, da die Erfahrung zeigt, dass Kleider auf schönen Werbefotos am eigenen Körper an Wirkung verlieren oder Schnitte, die Sie sich schick vorgestellt haben, einfach nicht zur eigenen Körperform oder den Proportionen passen. Auch ist es für viele Frauen ungewohnt, eine „große" Robe zu tragen; oft ist es das erste Mal, dass sich Frau in einem besonderen Kleid wiederfindet. Auch das Tragen, Laufen und Tanzen mit dem Brautkleid sollte geübt werden.*

**Bild rechts:** *Hochzeitskleid einmal anders: schwarz-weiß karierter Dreiteiler, bestehend aus Korsage, Minirock und Überrock. Der bauschige Rock ist mit Druckknöpfen befestigt und kann zum Tanzen abgenommen werden. Er gibt den Blick frei auf einen sexy Minirock und nackte Beine.*

# Tipps zum Brautkleid

Haben Sie keine Angst aufzufallen, Sie tun es so oder so. Es ist Ihr Tag!

Probieren Sie so viele Kleider, wie Sie mögen. Sie werden es sofort spüren, wenn Sie das perfekte Kleid gefunden haben.

Sparen Sie nicht an der falschen Stelle. Entscheiden Sie sich für gute Materialien und eine gute Verarbeitung. Ansonsten sehen Sie in kürzester Zeit zerknittert aus. Oder es platzt eine Naht.

Seien Sie ehrlich zu sich selbst. Auch wenn Ihre Traumgröße 38 ist. Verlassen Sie sich nicht darauf, dass Sie bis zur Hochzeit die überflüssigen Pfunde abnehmen. Ein zu knapp sitzendes Kleid verliert an Wirkung.

Wählen Sie Schnitte, die zu Ihrer Figur passen. Auch wenn Ihnen eigentlich das eng anliegende, schmal geschnittene Kleid gefallen würde, Ihre Hüften aber leider etwas üppiger ausfallen, entscheiden Sie sich lieber für einen Schnitt, der diese Körperregionen kaschiert, wie zum Beispiel der Empire-Stil.

Haben Sie schöne Schultern oder Oberarme, wird Ihnen ein schulterfreies Kleid oder der Neckholder gut stehen.

Schöne Beine kommen in einem kurzen Kleid richtig zur Geltung.

Ein besonders schönes Dekolleté wird mit U-förmigen Ausschnitten wie dem Scoop richtig in Szene gesetzt.

Bei einer großen und sehr schlanken Silhouette empfiehlt es sich, die gerade Linie mit einer Stola, einem Cape oder einem Bolero zu unterbrechen.

Kurze Oberkörper werden mit V-förmig geschnittener Taille optisch verlängert.

Kräftige Stoffe, Verzierungen und Push-ups vergrößern optisch den Busen.

Halten Sie die Taille schlicht und verzichten Sie auf Verzierungen, wenn Sie sie nicht betonen möchten.

Wenn Sie etwas Ausgefallenes suchen, gehen Sie zum Kostümverleih. Dort finden Sie tolle Roben für vergleichsweise kleines Geld. Auch in Secondhand-Läden werden Sie auf das eine oder andere Designer-Kleid stoßen. Haben Sie genügend Zeit, dann kaufen Sie Ihr Traumkleid im Schlussverkauf.

Vergessen Sie auf keinen Fall schöne Dessous! Denn es sollte natürlich auch darunter stimmen. Achten Sie besonders auf die BH-Form. Die muss optimal zum Schnitt des Kleides passen.

Nehmen Sie Ihre beste Freundin mit zum Shoppen. Sie wird Ihnen die Wahrheit sagen.

Silberflügel

*Oriental*         *Gestickter Farn*         *Zarte Blätter*

*Champagner Trüffel*         *Wickelblume*         *Petit Four*

*Der Brautstrauß – unerlässliches
Accessoire voller Symbolkraft.*

## DIE BRAUT UND DIE BLUMEN

Zu allen Zeiten war es üblich, die Braut mit Blumen zu schmücken, dem sogenannten Brautkranz.

Der Brautstrauß aber, wie wir ihn heute kennen, entstammt der Renaissance und hatte rein pragmatische Gründe. Mangelnde Körperhygiene und exzessive Nutzung von Weihrauch verursachten eine so schlechte Luft in der Kirche, dass Blumenduft die Braut vor Ohnmachtsanfällen bewahren sollte. Heute ist allenfalls noch der Weihrauch geblieben, der so manchem Kirchenbesucher zu schaffen macht. Heute ist der Brautstrauß mehr als eine Zugabe zum Brautkleid. Er ist Blickfang und voller Symbolkraft. Traditionell ist der Bräutigam für die Wahl des Brautstraußes verantwortlich. Am Tag der Hochzeit wird der Strauß der Braut unmittelbar vor der Trauungszeremonie überreicht.

Bevor Sie sich für ein Bouquet entscheiden, sollten Sie sich mit der Sprache der Blumen beschäftigen. Hinter Blüten, Pflanzen und Kräutern verbergen sich Bedeutungen, die einer näheren Betrachtung wert sind. Sonst laufen Sie Gefahr, unter einem schlechten Omen den Bund fürs Leben zu schließen. Gelbe Rosen zum Beispiel stehen für Eifersucht, gelbe Tulpen für Hoffnungslosigkeit, Wicken und Winden verheißen ein jähes Ende des Glücks. Binden Sie weiße Blüten in Ihr Brautbouquet, gehen Sie in den meisten Fällen auf Nummer sicher. Die weiße Lilie steht für Reinheit, die weiße Kamelie sowie die stolze Calla symbolisieren makellose Schönheit. Maiglöckchen und Gänseblümchen verkörpern die Unschuld. Mit Freesien beweisen Sie zärtliche Gefühle, und der Jasmin unterstreicht Ihre Anmut. Der Brauch, durch Blumen zu sprechen, geheime Wünsche und Bitten zu offenbaren,

ist jahrhundertealt. Wer kennt ihn nicht, den errötenden Jüngling, der seiner Herzensdame eine rote Rose überreicht. Je tiefer die rote Farbe der Rose, desto tiefer die Liebe im Herzen. Blumen waren immer das Medium, mitzuteilen, was man sich nicht zu sagen traut, zumeist in der Liebe. Als die englische Schriftstellerin Lady Mary Wortley Montagu in den 1718 veröffentlichten Briefen aus dem Orient von der Kommunikation mit Blumen berichtet, entwickelte sich in Europa eine umfangreiche Zeichensprache mittels Blumen. Sie waren nun nicht mehr allein Zeichen der Liebe und Galanterie, sie wurden zum Ausdruck für allerlei Gefühle. Jede Sorte, jedes Gebinde, jede Mischung, Farbe und Anzahl. Neben Blumen lassen sich ebenso Kräuter und Gewürze wunderschön im Brautstrauß verarbeiten und dekorieren. Rosmarin symbolisiert die Liebe und ist damit das Hochzeitskraut schlechthin. Bräute trugen bereits in der Antike Rosmarinkränze als Zeichen ihrer Treue. Salbei bedeutet: Ich denk an dich! Die Minze ist das Kraut der Jugend, und die Mistel verspricht die Überwindung aller Probleme. Oregano ist traditionell das Kraut, das Kummer verschwinden lässt. Schon in der Antike wurde es als dämonenabwehrendes Mittel verwendet und zum Schutz vor bösen Mächten in den Brautstrauß gebunden oder in den Brautschuh gelegt. Immer passend sind einfarbige Sträuße. Besonders beliebt ist der champagnerfarbene Brautstrauß. Wie wäre es mit Lilien oder Rosen? Vielleicht mögen Sie den Natural Style und bevorzugen Blumen aus heimischen Gefilden. Versuchen Sie es mit einem Strauß aus Jasmin, Ranunkeln und Vergissmeinnicht. Maiglöckchen sind im Frühjahr eine wahre Augenweide. Asiatisches Flair verleihen Anthurien oder grüne Orchideen. Absolute In-Blüte ist die des

# Kleines Pflanzenlexikon

Akelei – Verrücktheit

Amaryllis – Stolz

Anemone – Verlassenheit

Anthurie – Hingabe

Aurikel – Unbeständigkeit

Baldrian – Entgegenkommen

Basilikum – alles Gute

Birke – Sanftmut

Borretsch – Grobheit

Brennnessel – Grausamkeit

Buche – Wohlergehen

Butterblume – Undankbarkeit

Calla – Bewunderung, Schönheit

Christrose – Nimm mir meine Angst

gelbe Chrysantheme – Oberflächlichkeit

rote Chrysantheme – innige Liebe

weiße Chrysantheme – Aufrichtigkeit

Efeu – Treue

Eisenkraut – Bezauberung

Erdbeerblüte – Voraussicht

Esche – Vornehmheit, Vertrauen

Farnkraut – Faszination

Fingerhut – Unaufrichtigkeit

Flieder – beginnende Liebe

Freesie – Zärtlichkeit

Gänseblümchen – kindliche Unschuld

Gartenwicke – Trennung

Gerbera – Du machst alles schöner

Gladiole – Charakterstärke

Glockenblume – Dankbarkeit

Heidekraut – Einsamkeit

Immergrün – zärtliche Erinnerung

Iris – gute Nachricht

Jasmin – Anmut

vierblättriger Klee – Sei mein

Kornblume – Zartheit

Weiße Lilie – Reinheit, Süße

Lorbeer – Ruhm

Magnolie – Naturliebe

Maiglöckchen – Rückkehr des Glücks

Malve – Milde

Mimose – Empfindlichkeit

Minze – Jugend

Mistel – Ich überwinde alle Probleme!

Narzisse – Egoismus

gelbe Nelke – Verachtung

rosa Nelke – weibliche Liebe

rote Nelke – unerfüllte Leidenschaft

Oleander – Vorsicht

Orangenblüte – Nimm Rücksicht

Orchidee – Verehrung

Osterglocke – Ritterlichkeit

weiße Pfingstrose – Scham

rote Pfingstrose – Überfluss an Liebe

Pfirsichblüte – Bezauberung

Ranunkel – vielseitige Anziehungskraft

Rhododendron – beginnende Liebe

Rose einzeln – Einfachheit der Liebe

gelbe Rose – abnehmende Liebe, Untreue

silberrosa Rose – Mondscheintreffen

weiße Teerose – närrische Liebe

Rose ohne Dornen – Du bist unwiderstehlich

rote Rose – leidenschaftliche Liebe

weiße Rose – Reinheit

Rosenknospe – Erwachen erster Liebe

Schafgarbe – Feindschaft, Kampf

Schleierkraut – Hingabe

Schneeglöckchen – Hoffnung

Sonnenblume – Stolz, Hochmut

Stiefmütterchen – Erinnerung

Tomatenblüte – Kinderwunsch

Veilchen – Bescheidenheit

Vergissmeinnicht – wahre Liebe

Zittergras – Unruhe

Orangenbaumes. Oder schmücken Sie sich mit Myrte, und verleihen Sie damit Ihrem Look einen ganz besonderen Charme. Die Myrte mit ihren weißen Blüten und süßen Beeren symbolisiert Fruchtbarkeit und Lebenskraft. Sie ist den Fruchtbarkeitsgöttinnen Aphrodite und Demeter geweiht, daher trugen in der Antike Braut und Bräutigam Kränze aus Myrte. Später entwickelten sich aus der Kranzform das Blumendiadem und die Blumenkrone. Schon Tony Buddenbrook aus Thomas Manns Erfolgsroman „Die Buddenbrooks" trug das Fruchtbarkeitskraut Myrte zu ihrer ersten Hochzeit, Orangenblüten zu ihrer zweiten Hochzeit. Gebunden wird der Brautstrauß mit einer Schleife aus dem Stoff des Brautkleides. Blüten, die Sie sonst noch in Ihr Outfit und Ihre Dekoration aufnehmen, wählen Sie passend zum Brautbouquet.

*Der Brautschuh – viel mehr als nur ein praktischer Schutz für die Füße.*

# DIE ACCESSOIRES DER BRAUT

Ein Brautkleid allein tut es natürlich nicht. Denn zu einem harmonischen Ganzen wird der Brautlook erst mit den passenden Accessoires. Ob Schleier, Brautschuhe, Handtasche oder Schmuck, sie tragen dazu bei, dem Outfit Stil und Persönlichkeit zu verleihen. Accessoires sind nicht nur die schönste Nebensache der Welt, sie machen den wahren Reiz der Kleidung aus. Haben sie meist auch einen funktionellen Hintergrund, so steht doch der schmückende Aspekt im Vordergrund. Dabei ist es eine Frage des Geschmacks, auf welches Beiwerk sich die Braut einlassen möchte. So wird es Bräute geben, die auf den Schleier verzichten und ihr Haar betont schlicht tragen, um es in seiner natürlichen Schönheit zu zeigen. Andere wiederum werden den Tag ohne Handtasche überstehen können. Aber wohl kaum eine Braut wird auf ihre Schuhe und ihren Schmuck verzichten.

Schuhe sind der erste Schritt zur Veränderung. Mit neuen Schuhen lässt man die Vergangenheit hinter sich und betritt Neuland. Was wäre also ein besserer Anlass, neue Schuhe zu tragen, als eine Hochzeit? Wie viele Accessoires sind auch Schuhe Statussymbol und Ausdruck des eigenen Stils. Sie sind mehr als ein praktischer Fußschutz. Schuhe sind eine Lebenseinstellung. Und sie sind Dokumente des Lebens, beschwören Erinnerungen herauf und bewahren Vergangenes. Welche Mutter hebt nicht die ersten Schuhe ihres Sprösslings auf? Welche Frau nicht ihre Brautschuhe samt Schachtel? Natürlich kann man Brautschuhe später auch einfärben und sie alltagstauglich machen. Ein Gedanke, der den Kauf der nicht ganz billigen Angelegenheit etwas günstiger erscheinen lässt. Ob ein Schuh kostengünstig, praktisch oder bequem ist, spielt insgesamt eine nur untergeordnete Rolle. Denn wenn Realität und Wunsch nicht harmonieren, setzt bei Frauen bekanntermaßen die Vernunft aus. Zumindest beim Erwerb neuer Schuhe. Denn die kauft Frau wegen der Schönheit, nicht wegen ihrer Tragbarkeit. Und ein schöner Brautschuh macht das Outfit perfekt. Genau wie eine schlechte Frisur ruinieren schlechte Schuhe einen ansonsten perfekten Look. Dabei ist es völlig egal, ob Sie Pumps, Sandalen, Mules, Stiefel oder Flip-Flops tragen. Erlaubt ist, was gefällt, solange er passt.

*Ob echte Steine oder geschmackvoller Modeschmuck: Mit den passenden Stücken machen Sie Ihren Auftritt perfekt.*

Das persönlichste Accessoire, das eine Braut trägt, ist zweifellos der Schmuck. In allen Zeiten war der Mensch daran interessiert, seinen Körper und seine Kleidung mit Schmuck zu verschönern. Ursprünglich als Amulett zum Schutz vor Gefahren oder als Talisman zur Herbeiführung des Glücks verwendet, wurde Schmuck später aus rein ästhetischen Gründen getragen. Dabei diente er auch dazu, den Stellenwert und Status einer Person sichtbar zu machen. So sind zum Beispiel die Kronjuwelen machtgeladene Zeichen des Königs. Schmuck als Massenware und damit Modeschmuck gibt es seit dem ausgehenden 19. Jahrhundert, als sich die

Haute Couture entwickelte und erste Modezeitschriften aufkamen, um modische Tendenzen der Fürstenhäuser zu thematisieren. Als Coco Chanel 1911 ihr erstes Modehaus in Paris eröffnete, war sie die Erste, die Modeschmuck als festen Bestandteil und ästhetisches Element ihrer Kreationen ansah. In der heutigen Zeit zeigt der Modeschmuck eine außerordentliche Vielfalt, und Frau trägt ihn, wie und wann es ihr passt – edle Steine, Metalle, Kunststoffe oder Perlen.

Perlen werden in allen Kulturen hoch geschätzt. Auch in der Brautgarderobe besitzen Perlen eine große symbolische Bedeutung. Die alten Griechen sahen in der Perle die Botschafterin der Liebe. Die Römer übernahmen die griechische Bezeichnung „Margarita" für Perlen als Namen für ihre Geliebte. Für sie symbolisierte die Perle Reinheit, Liebe und Schönheit und war der Göttin Venus verschrieben. Kein anderes Schmuckstück war bei den Edelstein liebenden Römern so beliebt wie die Perle. In Japan bedeutet die Perle Glück, und in Indien steht sie für Kinderreichtum. In China ist sie das Symbol für Weisheit und Würde. Im chinesischen Kaiserreich wurde den Kaisern bei ihrem Tod eine große Perle in den Mund

*Die Perle – Botschafterin der Liebe, des Glücks und der Schönheit.*

gelegt. Bis zu dem Zeitpunkt in den frühen 1920er Jahren, als der Japaner Kokichi Mikimoto in großem Umfang Zuchtperlen auf den Markt brachte, gehörten Perlen zum alleinigen Besitz des Adels. Innerhalb von wenigen Jahrzehnten entwickelte sich ein bis heute nicht abreißender Perlenboom. Die berühmteste Perle der Welt ist La Peregrina.

*Perlenschmuck ist vielseitig und zu fast jedem Outfit tragbar.*

Den Überlieferungen nach im 16. Jahrhundert an der Küste Panamas gefunden, war sie im Besitz der spanischen Krone, bis sie über Umwege durch allerlei königliche Schmuckschatullen 1969 den Weg zu Sotheby's fand, wo Richard Burton sie als Geschenk für seine Liz zum Valentinstag erstand. Die Vielseitigkeit der kleinen Perlmuttkugel sorgte dafür, dass Generationen von Frauen in ihr ein unverzichtbares Stilmittel zur Demonstration ihres guten Geschmacks und gepflegten Charmes sahen. So sind Perlen als Symbol der Liebe und Schönheit der Brautschmuck schlechthin. Und dank moderner Herstellungsverfahren, die Perlenschmuck erschwinglich machen, kann sich jede Braut, die über kein schönes Erbstück verfügt, ihre Perlenwünsche selbst erfüllen.

Selbst oder gerade am Hochzeitstag werden Sie sich fragen, wohin mit all den kleinen Dingen, die Frau so braucht, um den Tag zu überstehen. Natürlich ist ein Lippenstift nicht groß, aber irgendwo will selbst der kleinste Gegenstand verstaut werden. Wenn die Handtasche auch zunächst aus praktischen Erwägungen getragen wird, so steht der dekorative Aspekt bei der Wahl dennoch im Vordergrund. Wenn Sie sich für eine romantische Robe entschieden haben, wäre der Pompadour die perfekte Ergänzung. Zum eleganten Stil macht sich zum Beispiel die dezente Clutch-Handtasche sehr gut. Sehr beliebt war diese Handtasche in den 1920er und 1930er Jahren. Nach dem II. Weltkrieg verhalf ihr das Modehaus Dior zu neuen Ehren.

Der Pompadour ist übrigens Vorläufer und der erste Klassiker der Damenhandtasche. Im ausgehenden 18. Jahrhundert trug die Damenwelt diesen kleinen Beutel ohne festen Boden und mit zwei Schnüren zum Schließen versehen am Handgelenk. Er entwickelte sich eher aus der Not heraus. Denn die damalige Mode ließ keine eingenähten Taschen oder am Taillenband befestigte Beutel mehr zu. Zu einem Element der Kleidung wurde die Handtasche erst gegen Ende des 19. Jahrhunderts, als sich die Haute Couture entwickelte und Accessoires Bestandteil der Mode wurden. Der erste Mann der Stunde und Begründer der Haute Couture war Charles Frederick Worth. Er eröffnete 1858 sein Modehaus Worth et Bobergh in Paris, und zu seinen Kundinnen zählten große Damen wie die Kaiserin Eugénie und Elisabeth von Österreich. Seit dieser Zeit entwickelte sich die Handtasche mehr und mehr zum Statussymbol und wurde Bestandteil der Kleidung. In den 1920er Jahren war es dann so weit: Die Damenhandtasche wurde

zum unentbehrlichen Modeaccessoire für alle Schichten und zum festen Begleiter der Frau. Es entwickelten sich die unvergänglichen

*Die Handtasche ist für die meisten Frauen unverzichtbar. Auch hier ist erlaubt, was gefällt und passt.*

Klassiker, die zeitlos modern sind und zu fast jeder Gelegenheit getragen werden können. Wer kennt sie nicht, die Kelly Bag aus dem Hause Hermès, benannt nach der Schauspielerin und Fürstin Grace Kelly. Oder ihre Nachfolgerin, die Birkin Bag. Ein Dauerbrenner ist auch die typische Chanel-Kreation mit Steppnähten und Goldkette oder die Croissant von Louis Vuitton. Ob nun in Weiß gewandet oder in einem anderen beliebigen festtauglichen Outfit, ob großes Budget oder schmales Konto, die Braut von heute wird in jedem Fall aus der schier unendlichen Modellpalette an Handtaschen das finden, was zu ihrem Outfit passt, um darin all die kleinen Notwendigkeiten unterzubringen, die Frau so braucht.

## DER KOPFSCHMUCK DER BRAUT

Um den Schleier der Braut ranken sich viele Geschichten. Im Christentum war er immer das Sinnbild der Jungfräulichkeit. Oder er diente zum Schutz vor bösen Geistern und Dämonen, die durch die Nase der Braut schlüpfen konnten. Heute ist der Schleier modisches Accessoire ohne Symbolcharakter.

*Behalten Sie bei der Wahl des Kopfschmucks Ihr Kleid im Auge und achten Sie auf Harmonie.*

Dementsprechend gibt es die verschiedensten Möglichkeiten des Kopfschmucks. Wenn Sie es romantisch lieben, werden Sie einen langen, doppellagigen Schleier tragen. Schick und flott ist ein Kurzschleier. Vielleicht finden Sie aber auch an einem Kranz mit Ihren Lieblingsblumen oder aus frischen Kräutern und mit schmalen Schleierbändern Gefallen. Gestecke am Hinterkopf, seitlich getragen oder als Stirngesteck sind Möglichkeiten, über die es sich ebenfalls nachzudenken lohnt. Oder Sie mögen einen Haarreif, schlicht gehalten oder reich verziert. Eine Alternative ist eine elegante Hutkreation. Oder schmücken Sie Ihre Haare mit Perlen, Blüten, Bändern oder Federn. Selbst oben ohne kann durchaus festlichen Charme ver-

sprühen. Wenn Sie eine Tiara oder ein Diadem Ihr Eigen nennen, dann ist der Tag Ihrer Hochzeit die Gelegenheit, das gute Stück vorzuführen. In Verbindung mit dem Schleier oder ganz ohne, was der Wirkung des Prunkstückes nur zugutekommt. Das Diadem diente in der Antike als schmale Stirn-

binde. Daraus entwickelte sich der Lorbeerkranz, der später aus Metall gefertigt wurde. Die Hellenen trugen die Stirnbinde als Zeichen der Herrscherwürde. Hochsaison hatte das Diadem in der Zeit der Monarchien, und seine Herstellung galt als eine der nobelsten Aufgaben im Juwelierhandwerk. In der heutigen Zeit hat der Kopfschmuck an Bedeutung verloren. Getragen wird er aber gern als modisches Accessoire zu Anlässen wie einer Hochzeit. Dabei ist die Auswahl groß. Von ganz schlicht, mit Swarovski-Steinen besetzt oder mit Perlen verziert – der Botschafterin der Liebe.

*Blumen und Bänder versprühen natürlichen Charme.*

*Der Klassiker schlechthin und wunderschön – der Brautschleier.*

DER WEDDINGPLANER      50

Außergewöhnliche Anlässe verlangen nach einer außergewöhnlichen Kleidung.
Und wenn Mann plant, in den Hafen der Ehe einzulaufen, ist das Grund genug, nach dem
richtigen Outfit Ausschau zu halten. Auch für Mode-Muffel gilt es jetzt, mit einem
besonderen Styling für den passenden Auftritt zu sorgen. Immerhin ist der
Bräutigam die zweitwichtigste Person bei der Hochzeit. Welche Kleidung entspricht
dem Anlass, welcher Stil ist der richtige und passt zu mir? Das sind die Fragen,
mit denen sich Mann beschäftigt.

*Bild links: Der Bräutigam und sein Outfit – heute hat Mann unendlich viele Möglichkeiten, sich für den
ganz besonderen Tag nach seinem persönlichen Stil und Geschmack zu kleiden.*

Die Zeiten, in denen sich Mann an eine vorgegebene Kleidungsetikette zu halten hatte und sich ihm jeglicher individueller Geschmack verbot, sind längst passé. Der Wahl des Hochzeitsoutfits kann also vergleichsweise gelassen entgegengesehen werden. Aus der Vielfalt der Stile und Trends kann Mann sich die Kleidung zusammenstel-

*Passende Accessoires setzen Akzente und runden den Look ab.*

len, die ebenso zu seinem ganz eigenen Typ passt, wie sie modisch stilvoll ist. Heiraten Sie à la James Bond, ist der Smoking das richtige Outfit. Zu einer Sommerhochzeit passt ein heller Anzug mit farbigem Hemd. Heiraten Sie am Strand, dürfen Sie durchaus Flip-Flops zum Anzug tragen. Der Kreativität bei der Wahl des Outfits sind keine Grenzen gesetzt. Trotz aller modischer Freiheiten schadet es aber nicht, sich ein wenig mit den allgemein anerkannten Dresscodes zu beschäftigen. Schließlich will der schönste Tag im Leben auch in modischer Hinsicht perfekt gestaltet sein. Und über einen stilsicher und geschmackvoll gekleideten Bräutigam wird sich nicht zuletzt die Braut freuen,

die Ihnen an diesem Tag schließlich ihr Ja-Wort fürs Leben gibt. Für einen festlichen, eleganten Auftritt sind edle Stoffe und harmonische Farben eine gute Wahl. Von zarten, wärmenden Cremetönen wie Beige, Savanne oder Karamell über eisige Perlmutttöne wie Silbergrau oder Grautöne wie Kiesel oder Poivre bis hin zu einem strahlenden Weiß – sie alle sorgen für einen ebenso eleganten wie modernen Auftritt. Helleren Hauttypen ist von Weiß jedoch abzuraten, da es den Teint noch mehr betont. Immer en vogue sind Stoffe in Schwarz oder Mitternachtsblau. Für Glamour sorgen metallisch glänzende Anzüge in Gold- und Silberoptik mit gewebten Goldstreifen und figurbetonender Linie. Dazu abgestimmter Schmuck gibt den besonderen Kick und ein perfektes Finish. Mit Glitzersteinen oder Perlen bestickte Hemden, mit Strass besetzte Kragen, Gürtelschnallen und Manschettenknöpfe verleihen das besondere Etwas. Beweisen Sie Mut, und setzen Sie Highlights. Tragen Sie zum Beispiel eine Glitzer-Brosche auf dem Plastron. Für eine besonders glanzvolle Note sorgt auch eine schimmernde Krawatte; sie wirkt mit sanften Farben keinesfalls übertrieben.

Einige Regeln sollten Sie bei der Zusammenstellung Ihres Outfits beachten: Der Bräutigam richtet sich immer nach der Braut! Trägt die Braut ein schlichtes Kostüm, so ist der Bräutigam mit einem klassischen Anzug gut beraten. Zu einer Braut in festlicher Robe macht sich ein Bräutigam im Frack sehr gut. Der Frack ist der König unter den Anzügen für den Abend und das Eleganteste überhaupt, was ein Mann tragen kann. Bei Mottohochzeiten oder Hochzeiten an ausgefallenen Destinationen können die Brautleute ihre Fantasie und ihr Feingefühl in Kleiderfragen mit einem ganz besonderen Style beweisen.

*Erlaubt ist, was gefällt. Wenn Sie außergewöhnliche Dinge mögen, dann zeigen Sie das ruhig.*

Nach klassischer Regel bestimmen neben dem Brautkleid die Tageszeit, zu der die Hochzeit stattfindet, sowie die Anzahl der Gäste, wie der Bräutigam gekleidet sollte. Zu einer formlosen Hochzeit trägt der Bräutigam einen schönen Anzug mit Hemd und Krawatte. Zu einer förmlichen Hochzeit am Tage empfiehlt sich der Cutaway – auch kurz Cut, Morning Coat oder Morning Dress genannt. Der Frack, alternativ dazu der Smoking oder das Dinnerjackett, sind zur förmlichen Hochzeitsgesellschaft am Abend das traditionell richtige Outfit. Für welchen Look sich Mann auch entscheidet, um seine Geliebte über die Schwelle zu tragen: Zeigen Sie Mut, und beweisen Sie Ihren guten Geschmack – ohne dabei zu übertreiben. Achten Sie darauf, dass die Kleidung Ihren Typ unterstreicht und Sie sich darin wohlfühlen. Zu guter Letzt sollte Mann sein Augenmerk auch auf die Dinge richten, die gern etwas stiefmütterlich behandelt werden. Selbstverständlich schmückt der Bräutigam sein Revers mit einem Blumenanstecker, der eine Blüte aus dem Brautstrauß wiederholt. Dieser Brauch geht auf mittelalterliche Zeiten zurück, als der Ritter die Farben der

Dame seines Herzens trug. Denken Sie auch daran, dass ein unpassender oder schlecht gepflegter Schuh ein ansonsten makelloses Outfit leicht zerstören kann. Also in jedem Fall Schuhe putzen nicht vergessen! Und tragen Sie unbedingt Kniestrümpfe zu Ihrem Anzug. Wenn ein Stück behaartes Männerbein sichtbar wird, ist der perfekte Auftritt dahin. Und: Zu einem eleganten Darüber gehört ein anziehendes Darunter!

*Glanz und Glamour, edel und elegant. Beweisen Sie mit einem individuellen Stil Ihren guten Geschmack.*

## DER KLASSISCHE ANZUG

Der klassische Anzug ist das Kleidungsstück für den Mann, das noch nie aus der Mode kam und wohl nie aus der Mode kommen wird. Mit perfektem Sitz und geschmackvoll kombiniert passt er zu fast jeder Gelegenheit. Stoff und Farbe sollten selbstverständlich dem Anlass, der Tages- und der Jahreszeit entsprechen. Falls Sie sich einen neuen

# Die Hochzeitsanzüge

*Die Qual der Wahl hat Mann auch, wenn er es klassisch mag. Dabei macht jedes Outfit für sich aus jedem Mann einen formvollendeten Bräutigam.*

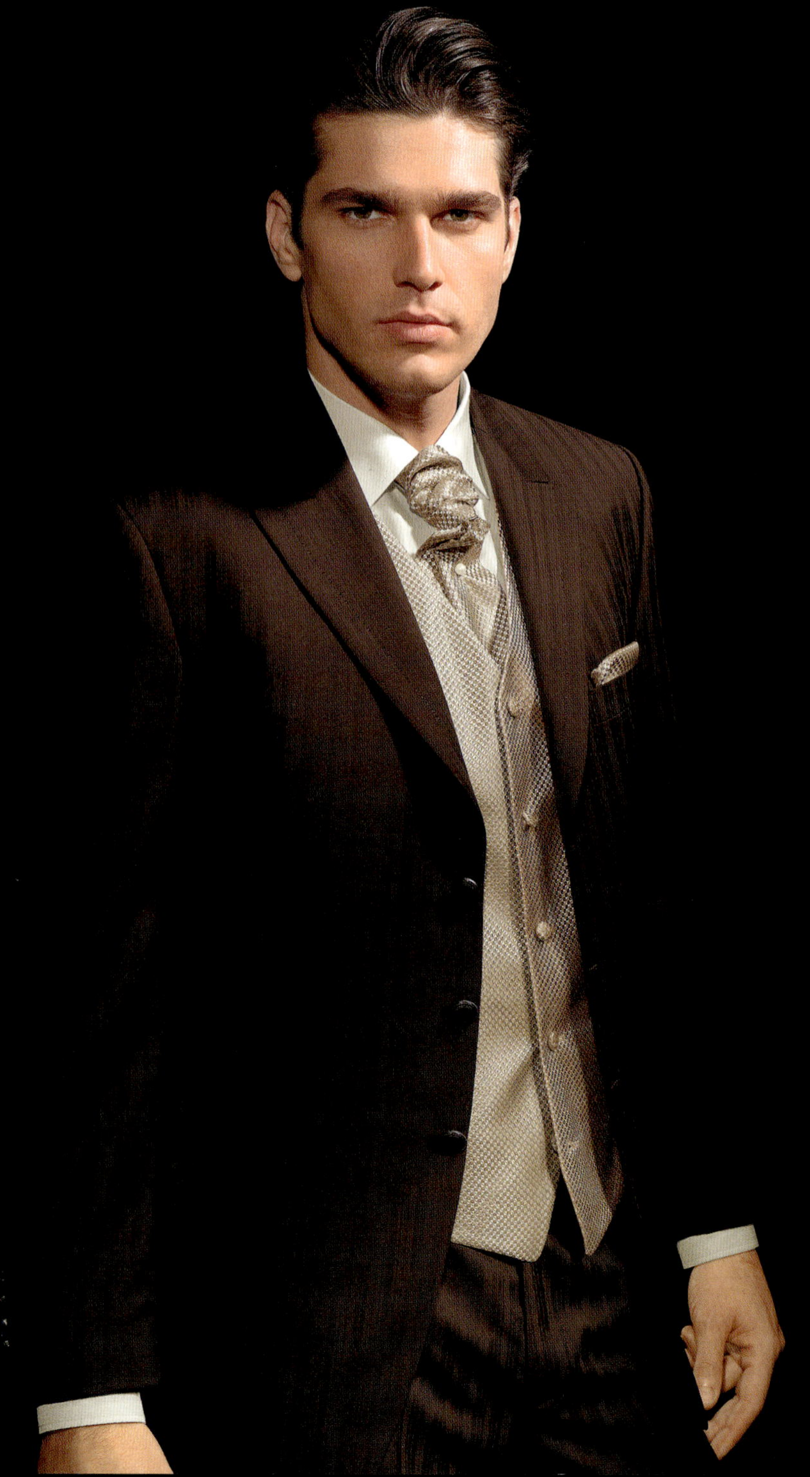

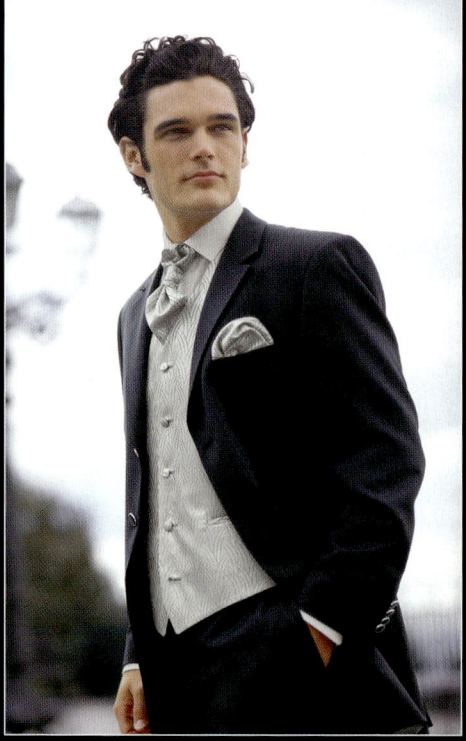

Der klassische Anzug

*Franks Extra-Tipp*

*Der neueste Trend sind Farbtupfer für das Outfit des Bräutigams: Einstecktuch, Weste, Hosenträger, Socken, Gürtel, Halsbinder bieten wunderbare Möglichkeiten, um feine Farbakzente zu setzen.*

*Die farblichen Highlights müssen allerdings in das Gesamtkonzept der Hochzeit passen und vor allem mit dem Outfit der Braut abgestimmt sein. Denn schließlich treten Sie als Paar auf und stehen gemeinsam im Mittelpunkt.*

*Das Dinnerjackett*

*Der Cutaway*

*Der Frack*

*Der Smoking*

Anzug für Ihre Hochzeit zulegen möchten, und das ist ja wahrscheinlich, sollten Sie einige Dinge beachten. Denn selbst der schönste Anzug macht keinen James Bond aus Ihnen, wenn er schlecht sitzt.

*Franks Spezial-Tipp*

*Accessoires: elegante Uhr und Manschettenknöpfe!*

Darauf sollte Mann achten: Das Jackett bedeckt die Hälfte des Körpers. Die Revers liegen an der Brust, der Kragen liegt am Nacken an. Etwa ein Zentimeter des Hemdkragens ist im Nacken oberhalb des Jacketts sichtbar. Am Rücken sollten sich weder Quer- noch Längsfalten bilden. Die Ärmel reichen bis zum Handgelenk, die Hemd-Manschetten schauen etwa einen Zentimeter unter dem Saum hervor. Der Taillenknopf sitzt auf der Höhe des Bauchnabels. Alle Knöpfe des Jacketts lassen sich leicht schließen, auch wenn Mann nicht den Bauch einzieht. Ob der Bräutigam sich für einen Einreiher oder Zweireiher entscheidet, ist letztendlich eine reine Geschmacksfrage. Bei dem Einreiher gilt: Je weniger Knöpfe, desto lässiger. Der Zweireiher wirkt insgesamt förmlicher als der Einreiher. Er muss immer geschlossen getragen werden, da sonst die Revers flattern. Mann trägt ihn mitunter gern, da er einen eventuell vorhandenen Bauchansatz kaschiert. Zum perfekt sitzenden Jackett gehört selbstverständlich eine gut sitzende Hose. Die klassische Anzugshose ist weit geschnitten und an jeder Seite mit zwei Bundfalten versehen. Der Hosenbund sollte so weit sein, dass die Hose weder kneift noch rutscht. Die Bügelfalte der Hose fällt gerade über das Knie auf die Schuhe. Zieht sie zur Seite, ist der Hosenschnitt nicht in Ordnung. Das Hosenbein liegt vorne leicht auf dem Schuh auf und bildet einen Knick. Hinten schließt der Hosensaum mit dem Absatz ab.

## DER CUTAWAY

Er ist das Outfit für den Tag. Der Cutaway, oder Morning Dress, wird nie am Abend getragen. Mann trägt das Jackett in Schwarz oder Grau und kombiniert dazu immer eine andersfarbige Hose. Klassiker ist die graue, gestreifte Stresemannhose. Dazu gehören ein klassischer schwarzer Schuh wie der Oxford, ein weißes Kragenhemd, graue Weste, Krawatte oder ein Plastron – eine Art der Krawatte, die die Brust bedeckt. Für mutige Männer: Ein grauer Zylinder macht das Styling perfekt. Übrigens ist der Cutaway Pflicht beim alljährlichen Royal-Ascot-Pferderennen!

## DER SMOKING

Der Smoking, auch Black Tie oder Gesellschaftsanzug genannt, ist wie der Frack dem Abend vorbehalten und wird in Schwarz oder Mitternachtsblau getragen. Der Begriff Smoking – die Herren zogen dieses Jackett nach dem Dinner in den Herrensalons zum Rauchen (engl.: *smoking*) an – wird nur im deutschsprachigen Raum benutzt.

In den USA heißt dieser Gesellschaftsanzug *tuxedo*, in Großbritannien *dinner jacket*. Letzteres nicht zu verwechseln mit dem Dinnerjackett, das in Großbritannien *white dinner jacket* genannt wird. Kragen und Revers sowie die gerade fallenden Hosen des Smokings sind mit Seide besetzt. Im Übrigen haben die Hosen keinen Umschlag. Das weiße Smokinghemd verfügt in der Regel über eine verdeckte Knopfleiste. Neben der schlichten Ausführung sind auch Versionen mit Rüschen oder Stickereien zu haben, die die Individualität des Trägers unterstreichen. Zum Smoking gehören eine schwarze Schleife und, je nach Geschmack, Kummerbund oder Weste. Bei der Wahl der Stoffe, Farben und Muster sind keine Grenzen gesetzt. Passender Schmuck wie flache, silberne Manschettenknöpfe und eine silberne Uhr mit schwarzem Zifferblatt sowie feine schwarze Lacklederschuhe und seidene Strümpfe runden das Outfit ab. Sie werden sich wahrscheinlich schon öfter gefragt haben, wie der Kummerbund zu seinem Namen kam und was es mit dem Kummer und dem Bund auf sich hat. Der Begriff stammt aus dem hinduistischen Sprachgebrauch und leitet sich ab von *Camarband*, einer farbenprächtigen Taillenbinde. Neben dem Turban war sie das wichtigste Kleidungsstück. Die Briten fanden Gefallen an diesem Accessoire und importierten es nach Europa.

## DAS DINNERJACKETT

Das Dinnerjackett bietet eine Alternative zum Smoking. Es unterscheidet sich zu ihm lediglich durch die Farbe des Jacketts. Alle übrigen Kleidungsstücke und Accessoires sind gleich. Das weiße oder ecrufarbene (ein Cremeton) Dinnerjackett wird traditionell auf abendlichen Festen unter freiem Himmel getragen oder auf Seereisen.

## DER FRACK

Der schwarze Frack, der White Tie oder Große Gesellschaftsanzug, ist der König unter den Abendanzügen und bildet das Gegenstück zum festlichen Abendkleid der Dame. Ein ungeschriebenes Frack-Gesetz besagt, dass dieser Anzug nie das Tageslicht sehen darf. Daher sollte Mann ihn bei einer Einladung am Morgen oder am Nachmittag

im Schrank lassen. Zum reinen Abendanzug wurde der Frack übrigens erst Mitte des 19. Jahrhunderts, als andere Anzugsformen, wie zum Beispiel der Cutaway, in Mode kamen. Bis dahin trug Mann den Frack als Tagesanzug zumeist in Blau, Grün oder Braun mit gemustertem Innenfutter. Charakteristisch für den Frack ist das kurze, taillenlange Jackett mit seidenbedeckten Revers und rückwärtigem Schoßteil, den Schwalbenschwänzen. Die Jacke ist immer einreihig und kann nicht geschlossen werden. Dazu werden ein weißes Hemd mit gestärktem Brustteil, eingesetzten Zierknöpfen, Doppelmanschette und Vatermörderkragen (Stehkragen) getragen, außerdem eine weiße Frackweste aus steifem Piqué (ein fester Stoff, der in bestimmtem Muster gewebt ist) und eine Frackschleife. Die Schleife sollte auf jeden Fall weiß sein, nie schwarz, denn eine schwarze Schleife gehört zur Berufskleidung eines Kellners. Die Hose ist ohne Umschlag und hat an den Seiten doppelte Besatzstreifen aus Satin, die sogenannten Galons. Schwarze Lacklederschuhe, seidene Strümpfe und elegante Accessoires wie eine goldene Taschenuhr machen den Style perfekt. Nimmt Mann zum krönenden Abschluss den schwarzen Zylinder zur Hand, kann er sich eines glänzenden Auftritts sicher sein. Zwei Fehler sollten Sie als Frackträger auf jeden Fall vermeiden: Tragen Sie die Jacke nie geschlossen, und setzen Sie sich nie auf die Schwalbenschwänze!

*Franks Tipp*

*Auch der Bräutigam kann sich einen Anzug von einem Designer maßschneidern lassen. Eine Alternative wäre Teilmaßschneidern, das heißt, vorgefertigte Anzüge werden exakt an die Körpermaße angepasst.*

# Tipps für das Outfit

Zu einem makellosen Äußeren gehört ein guter
Haarschnitt.

Pflegende Kosmetik ist für den Mann von heute
selbstverständlich.

Die richtige Sorgfalt beim Ankleiden sorgt für ein
sicheres Gefühl.

*Ein passender Halsschmuck …*

*… schöne Accessoires wie Manschettenknöpfe …*

*… und gut gepflegtes Schuhwerk …*

*… machen das Outfit des Bräutigams perfekt.*

# *Die Wedding Location*

Früher war es einfacher. Mit der Entscheidung zu heiraten hatten Sie
auch entschieden, wo Sie heiraten. Wenn nicht ganz traditionell im Haus der Brauteltern,
dann eben im nahegelegenen Wirtshaus. Die Frage nach dem Wo war
ebenso unspektakulär wie die Frage nach dem Stil der Hochzeit. Heute gibt es
unendlich viele Möglichkeiten, diesen Tag zu gestalten.

*Bild links: Eine besondere Location gibt der eigenen Hochzeit erst den perfekten Rahmen.*

Ob romantisch und verträumt, ganz intim und entlegen, luxuriös und feudal, modern und chic, en vogue und glamourös, gemütlich und ganz ungezwungen. Es ist nicht leicht, einen Überblick zu bekommen und aus den vielfältigen Angeboten das herauszusuchen, was am besten zu einem passt.

In ländlichen Gebieten nahm man in vergangenen Zeiten eine Hochzeit zum Anlass, mehrtägige Familienfeiern zu veranstalten. So war die Trauung in ein drei bis vier Tage dauerndes Fest gebettet. Die Sippschaft brachte neben Mehl, Zucker, Schinken und Schnaps auch ihr Bettzeug mit. Am ersten Tag standen Andacht, Mittagessen und ein Zug zum Brauthaus auf dem Programm. Nach den Strapazen des Polterabends und dem Hochzeitstag mit Morgensuppe, Trauung und Tanz bis in die frühen Morgenstunden ruhte man sich einen Tag aus. Eine gute Gelegenheit, um Neuigkeiten auszutauschen und gemütlich miteinander zu plauschen. Mit diversen Essensresten im Gepäck traten die Verwandten dann schließlich am darauffolgenden Tag die Heimreise an.

Nutzen Sie die Gelegenheit Ihrer Hochzeit, und verbringen Sie ein Wochenende mit Ihrer Familie und den engsten Freunden fernab des Alltags (ein sogenanntes Wedding Weekend). Dabei müssen es nicht angesagte Destinations wie Antigua, Namibia, die Côte d'Azur, die Toskana oder Mallorca sein. Romantische und exklusive Ziele bietet ebenso das Inland. Der Vorteil ist dabei die mitunter bessere Erreichbarkeit. Verbringen Sie ein herrliches Wochenende in den Mittelgebirgen, am Meer oder in den Alpen, in berühmten Weinbaugebieten oder an historischen Plätzen deutscher Wasserstraßen. Bei Wellness und Wein stimmen Sie und Ihre Gäste sich am Tag vor der Trauung auf die Feierlichkeiten ein. Eine gute Gelegenheit,

sich kennenzulernen, wenn Gäste aus den unterschiedlichsten Gegenden oder gar Ländern zusammenkommen. Das sich damit entwickelnde Wir-Gefühl ist der eigentlichen Feier in jedem Fall zuträglich. Nach der Hochzeitsfeier am darauffolgenden Tag beschließen Sie das Wochenende mit einem gemeinsamen Brunch. Vielleicht möchten Sie dort auch gleich Ihre Flitterwochen und ein paar Tage in trauter Zweisamkeit verbringen.

Beachten Sie bei Ihren Planungen, dass eine Menge Mehrkosten auf Sie zukommen. Zwar ist es üblich, dass die Gäste für An- und Rückfahrt sowie Übernachtungskosten selbst aufkommen. Das Willkommens-Dinner am ersten Abend, den Morning-After-Brunch sowie die eine oder andere Runde aber bezahlen Sie! Wenn Sie eine Location der High-End-Klasse für Ihre Feier gewählt

## Franks Extra-Tipp

*Wichtig: Die Gäste brauchen definierte Zeitangaben. Was passiert wann und wo? Ich empfehle, eine Art Hochzeitsablaufplan in die Hotelzimmer der Gäste zu legen. So können sich die Gäste informieren, wann und wo gemeinsame Stunden mit dem Hochzeitspaar geplant sind.*

*Ein grober Plan sollte bereits der Einladung beiliegen, damit die Gäste auch ihre Koffer entsprechend packen können.*

*Buchen Sie einen Fahrservice bei eventuellem Locationwechsel, der die Gäste von A nach B bringt. Unbedingt freie Zeitinseln einplanen, in denen sich die Gäste auch zurückziehen können.*

haben, bieten Sie Ihren Gästen auch preiswerte Übernachtungsmöglichkeiten an. Ganz wesentlich ist die zeitgerechte Ankündigung Ihrer Hochzeitsfeier. Sie sollten Ihre Gäste mindestens sechs Monate vor dem Termin informieren, damit sie entsprechend dispo-

*Franks Extra-Tipp*

*Am Tag der Hochzeit von Sarah Connor und Marc Terenzi goss es in Strömen. Die Trauung sollte direkt am Strand stattfinden – große Katastrophe. Sarah war total verzweifelt. Zum Glück hörte es gerade noch rechtzeitig auf zu regnen. Aber selbst, wenn es weitergeregnet hätte, ich war natürlich auf den Worst Case vorbereitet. Meine Backup-Location war das wunderschöne mittelalterliche Schloss Castillo de Tamarit in Altafulla.*

*Wichtig bei Outdoor-Hochzeiten: Die gesamte Dekoration muss wasserfest sein oder bis zum Beginn abgedeckt werden. Ebenso muss das Catering geschützt werden.*

*Außerdem sollten Sie immer genügend Regenschirme bereithalten, falls es doch zwischendurch noch einen kleinen Schauer gibt oder damit die Gäste den Weg trocken von der Limousine in die Location gehen können.*

nieren können. Im Regelfall kommen lediglich 65–70 % der eingeladenen Gäste zu einem Weekend-Wedding. Zu guter Letzt sollten Sie sich ein Rahmenprogramm überlegen. Nicht jeder Gast hat eine extrovertierte Natur, kann mit Unbekannten schnell Kontakt aufnehmen und sich in fremder Umgebung sofort wohlfühlen. Nichts ist schlimmer als gelangweilte Gäste und ein Wochenende, das sich wie Kaugummi zieht. Unterhaltsame Ausflüge mit kulturellem Inhalt, Wandern und Wellness, Sport wie Golf oder Spiele wie Schnitzeljagd sind ausgezeichnet geeignet, Ihren Gästen ein ebenso kurzweiliges wie unvergessliches Wochenende zu bieten.

Wenn Sie beabsichtigen, im Sommer zu heiraten, werden Ihre Gedanken in Richtung Outdoor-Wedding gehen. Mit gutem Recht. Was ist schöner als ein himmlisches Fest unter freiem Himmel? Feiern Sie auf einer friedvollen Waldlichtung oder in einem Weizenfeld, auf einer sommerlichen Blumen-

*Bei schönem Wetter wird die Hochzeit im Freien zu einem unvergesslichen Ereignis für Brautpaar und Gäste.*

wiese oder in einem Charme versprühenden Bauerngarten. Wie wäre es mit einer Hochzeit am Meeresstrand oder an einem kleinen See? Neben der Dekoration, der Bestuhlung und dem Catering müssen Strom, Wasser, Toiletten, Kühlungs- und Transportmöglichkeiten bereitgestellt werden. Auch das Wetter ist ein unberechenbarer Widersacher, und Sie sollten ein Backup für den Fall eines sommerlichen Unwetters einplanen. Optimal ist, wenn Ihre Traumlocation einen Hotelanschluss hat. Die Angebote jener Hotels richten sich auf alle etwaigen Wetterlagen ein. Natürlich ist eine dementsprechende explizite Absprache erforderlich. Dann sind Sie für jeden Fall gerüstet.

*Zurück in die Zeit des Minnesangs – sich stilecht im mittelalterlichen Gewand das Ja-Wort geben.*

Die einfachste Lösung ist sicherlich das Hotel. Sie haben alles aus einer Hand und müssen sich um nichts kümmern. Das Hotel

*Franks Extra-Tipp*

*Schauen Sie sich die Festsäle in Schlössern und Burgen immer genau an, da sie meist recht kleinteilig sind und die Gesellschaft dann eventuell geteilt sitzen müsste oder Essen und Tanz in unterschiedlichen Räumen stattfinden müssten.*

stellt die Räumlichkeiten, das Catering und das Service-Personal sowie Übernachtungsmöglichkeiten für Sie und Ihre Gäste. Überlassen Sie sich den erfahrenen Händen des Hotelpersonals, und feiern Sie in einem luxuriösen Stadthotel eine Hochzeit im klassischen Stil oder ganz beschaulich in einem schmucken Landgasthof. Eine kuschelige Hochzeitssuite ist inklusive. Vielleicht mögen Sie eine Märchenhochzeit auf einem alten Schloss oder ein idyllisches Fest in einem alten Kloster. Lassen Sie die Vergangenheit aufleben, und entführen Sie Ihre Hochzeitsgesellschaft ins Mittelalter. Feiern Sie im Rittersaal einer alten Burg ganz stilecht mit Rittersmahl und Minnegesang.

## AUSSERGEWÖHNLICHE HOCHZEITSLOCATIONS IN DEUTSCHLAND

Heiraten Sie, wo Sie wollen. Zu Lande, zu Wasser, in der Luft. In Deutschland steht Ihnen eine Vielzahl von außergewöhnlichen Möglichkeiten zur Verfügung, diesen Tag zu feiern. Haben Sie sich an einem besonderen Ort kennengelernt? Haben Sie gemeinsame Vorlieben oder Hobbys? Haben Sie irgendetwas, das Sie in einer ganz besonderen Art und Weise miteinander verbindet? Dann machen Sie sich dieses zunutze.

Vielleicht sind Sie beide Hobbygärtner mit Leib und Seele, Blumenliebhaber von Kindesbeinen an oder haben bei Ihrem ersten Rendezvous eine Rose als Erkennungszei-

*Ganz romantisch und sehr außergewöhnlich kann man im Märchendom der Saalfelder Feengrotten in Thüringen heiraten.*

chen in der Hand gehalten. Dann heiraten Sie doch im botanischen Garten. Dort können Sie selbst im Winter bei mildem Klima und umgeben von tropischen Pflanzen den Bund fürs Leben schließen. Rustikale Verträumtheit und Natur pur finden Sie zum Beispiel in der Windmühle Vergissmeinnicht in Friedrichskoog. Vielleicht aber schweben Sie in ganz anderen Sphären und lieben die unendlichen Weiten des Universums. Die strahlende Schönheit der Sterne. Oder Sie sind ein absoluter Enterprise-Fan. Dann bietet sich zum Beispiel die Sternwarte in Berlin an.

Ganz romantisch wird es bei einer Hochzeit im Markus-Röhling-Stolln in Frohnau im Erzgebirge. Im Gewölbekeller des Besucherbergwerks können Sie bei Kerzenschein 200 Meter unter Tage in sagenhafter Atmosphäre eine eindrucksvolle Trauung erleben.

*Maritimes Flair an der Küste, wie hier bei einer Strandhochzeit auf Sylt.*

In den Armen von Mutter Erde können Sie auch in den Saalfelder Feengrotten in Thüringen heiraten. Das Trauzimmer, der Märchendom, ist Teil der eindrucksvollen Welt einer der farbenprächtigsten Tropfsteinhöhlen überhaupt. Wer es nicht ganz so weit unten mag, dem bietet das thüringische Salzbergwerk Sondershausen ein romantisches Ambiente für eine stilvolle Hochzeit.

Schweifen Ihre Träume gen Süden, zum Beispiel nach Afrika? Oder sind Ihre Lieblingstiere die Delphine? Tierliebhaber können sich in vielen Zoos trauen lassen, beispielsweise in Berlin oder in Duisburg. Ob im Elefantenhaus oder im Delphinarium – einer tierischen Feier steht nichts im Wege.

Vielleicht liegen Ihre Wurzeln im Ruhrgebiet. Dann heiraten Sie doch in der Zeche Zollern in Dortmund, einem wahrhaften Prunkstück des industriekulturellen Erbes der Ruhrregion. Die Maschinenhalle mit dem filigranen Stahlfachwerk des Jugendstilportals bietet eine museale Kulisse für eine romantische Hochzeitsfeier.

Ist Ihr Beruf vielleicht Wasserpolizist? Oder Segeln ist Ihr Leben? Vielleicht lieben Sie aber einfach nur das Meer? Dann geben Sie sich auf dem Wasser das Ja-Wort, und heiraten Sie auf Ihrem Traumschiff. Genießen Sie im Hamburger Hafen in gemütlicher Seemannsatmosphäre den schönsten Tag in Ihrem Leben. Heiraten Sie auf einer Insel oder Hallig, zum Beispiel auf Pellworm. Mitten im Watt, umgeben von Wellen und Wind, wird Ihre Trauung ein Erlebnis von ganz besonderer Natur. Wenn Sie lieber trockenen Fußes die Ehe schließen möchten, dann entscheiden Sie sich für den Leuchtturm. Ein sagenhafter Ausblick ist inklusive. Maritimes Flair und dazu die mondäne Atmosphäre der alten Ostseeheilbäder finden Sie bei einer Hochzeit auf der Selliner Seebrücke auf Rügen. Oder entführen Sie Ihre Hochzeitsgesellschaft nach Helgoland. In diesem einzigartigen Inselparadies feiern Sie ganz naturverbunden in der Hummerbude Nr. 38/39 des Museumsvereins im Hafen. Original Helgoländer Trachtendamen werden Ihnen an Ihrem Tag die Ehre geben. Anhänger des Tauchsports oder Fischliebhaber finden ihre Hochzeitslocation im Sea Life in Berlin. Hier

*Über den Wolken – Verliebte können sich in hohen Lüften das Ja-Wort geben.*

steht das weltweit größte zylindrische Aquarium. Im gläsernen Aufzug des AquaDoms können Sie sich umgeben von einer Million Liter Salzwasser und vor den Augen tropischer Fische das Ja-Wort geben. Wenn Sie historisch interessiert sind, heiraten Sie doch in der Iljuschin 62, einem Langstreckenflie-

ger der Interflug, der staatlichen Fluggesellschaft der DDR. Das Flugzeug steht auf einem Acker im brandenburgischen Stölln. Oder schweben Sie in einem Rosinenbomber aus den 1940er Jahren in den Ehehimmel. Der Standesbeamte traut Sie direkt über den Wolken und über Berlin-Mitte. Grundsätzlich ist in Deutschland eine Trauung in der Luft keine rechtsgültig geschlossene Ehe. Sie müssen sich im entscheidenden Moment auf der Erde befinden. Ausnahme ist das Standesamt Berlin-Mitte. Es hat Trauungen im Luftraum über dem Gemeindegebiet Berlin-Mitte extra gerichtlich absichern lassen. Abgehoben heiraten ist auch in Wuppertal möglich. In einem alten Kaiserwagen der Wuppertaler Schwebebahn können Sie sich auf einer gut einstündigen Fahrt über der Wupper trauen lassen und mit Ihren Gästen auf das junge Glück anstoßen. Mögen Sie es auch etwas abenteuerlicher, dann heiraten

*Auf der Insel Rügen kann man ganz romantisch auf der Seebadbrücke Sellin den Bund der Ehe schließen.*

*Heiraten auf hoher See – die etwas extravagantere Weddinglocation!*

Sie im Fesselballon. Lassen Sie sich gemeinsam dorthin treiben, wohin der Wind Sie trägt. Das haben auch die ersten Passagiere eines Heißluftballons getan. 1783 stiegen sie in einem Korb eines mit Heu befeuerten Ballons bei Versailles in die Lüfte. Die Konstrukteure waren die Brüder Montgolfier. Die Passagiere eine Ente, ein Schaf und ein Hahn.

## EXTRAVAGANTE HOCHZEITS-LOCATIONS IM AUSLAND

Wenn Sie es ganz exotisch möchten und Ihr Budget es erlaubt, dann schweifen Sie in die Ferne. Weltweit werden Sie fantastische Locations für Ihre Traumhochzeit finden.

Schließen Sie den Bund der Ehe im Riesenrad des Wiener Praters hoch über den Dächern der Stadt Wien. Oder im London Eye. Vielleicht läuten zur Trauung die Glocken des Big Ben.

Per Tauchgang ins Eheglück! Das können Sie in Australien mit Palmcove-Wedding am Great Barrier Riff oder auf den Bahamas. Ganz traditionell gekleidet in Brautkleid und Jackett werden Sie im Meer von einem Standesbeamten getraut. Selbst Ihre Unterschrift leisten Sie am Meeresgrund. Kameramann inklusive. Nicht ganz so fern, aber ebenso nass ist die Unterwasserhochzeit im Gosausee in Österreich.

Unter Wasser und trotzdem trocken können Sie auf Mauritius heiraten. Ein U-Boot bietet eine weltentrückte Atmosphäre für Ihren ganz besonderen Tag. In der Schweiz befindet sich Europas größte Open-Air-Del-

*Mit Schnorchel und Atemgerät geht es bei einer Unterwasserhochzeit für das Brautpaar und den Standesbeamten ins kühle Nass.*

phin-Lagune. Geben Sie sich umgeben von Wasser und Delphinen das Ja-Wort.

Ganz spirituell wird es bei einer Trauung am Fuße des Vulkans Haleakala auf Hawaii. Überlieferungen nach werden böse Geister

*Eine Hochzeit wie aus dem Bilderbuch – heiraten in der Karibik.*

für immer von Ihnen fernbleiben. Natürlich können Sie auch an einem der traumhaften Strände eine unvergessliche Hochzeit feiern.

Oder heiraten Sie in Las Vegas, dem Ort für außergewöhnliche Hochzeiten überhaupt. Unendlich sind die Möglichkeiten, sich in dieser Stadt oder ihrer Umgebung das Ja-Wort zu geben. Heiraten Sie traditionell in einer Wedding Chapel oder in aller Kürze am *drive-up window*. Trauen Sie sich mit Elvis. Schließen Sie den Bund fürs Leben in einem

*Auf in ferne Länder – weitab von schlechtem Wetter kann man in wärmeren Gegenden an wunderschönen Stränden heiraten.*

Las Vegas Strip Trolley oder einem Harley-Davidson Café. Vielleicht mögen Sie einen Helikopterflug bei Nacht, oder fliegen Sie dem Sonnenuntergang entgegen, während Sie sich die ewige Treue schwören. Heiraten Sie in einer historischen Goldmine oder nach Indianer-Ritual im Grand Canyon.

Im hohen Norden Europas können Sie sich in einer Kapelle aus Eis vermählen. Die anschließenden Feierlichkeiten finden ebenso im Eisrestaurant statt. Und danach folgt ganz kuschelig auf Fellen eine heiße Hochzeitsnacht. Dabei können Sie sich von den eindrucksvollen Farben des Polarlichts verzaubern lassen. Im Schnee heiraten können

*Eine Skihochzeit auf der Piste ist für Sport- und Skibegeisterte genau das Richtige.*

Sie auf Skiern in Kanada in den Rocky Mountains – für echte Skifans ein traumhafter Start ins Eheglück.

*Franks Tipp*

*Überlegen Sie sich gut, ob Sie in der Ferne in Zweisamkeit oder lieber daheim mit allen Lieben heiraten und feiern möchten.*

*Falls Sie sich für eine kleine oder auch heimliche Hochzeit entscheiden, lassen Sie Ihre Familie und Freunde im Nachhinein durch ein Fest daran teilhaben – denn Glück verdoppelt sich, wenn man es teilt.*

# Die Dekoration der Feierlocation

Haben Sie Ihre Wunschlocation für den schönsten Tag in Ihrem Leben gefunden,
gilt es, sie mit einer stilvollen und einfallsreichen Dekoration in ein wahres Prunkstück
zu verwandeln.

*Bild links: Schwarz-weiße Tischdeko: modern und stylish. Mit weißer Farbe besprühte Birkenzweige
werden kunstvoll arrangiert und dienen als ausgefallene Vase für weiße Zweige und rote Anthurien.
In den mundgeblasenen, schwarzen Kerzenhaltern stecken schwarze Kerzen.
Kleine Diskokugeln in Schwarz brechen die Streifen-Optik des Tischtuchs.*

Bevor Sie sich für eine bestimmte Dekoration entscheiden, nehmen Sie den Festsaal genau unter die Lupe. Machen Sie eine Ortsbegehung, und lassen Sie den Raum auf sich wirken – bei Tageslicht und in den Abendstunden! Gerade die Lichtgestaltung ist ein Thema, das bei den Vorbereitungen leicht übersehen wird. Dabei schafft erst eine fachgerechte Ausleuchtung die perfekte Atmosphäre. Gezielte Lichteffekte vermitteln Stimmungen und Emotionen und geben das richtige Finish. Nachdem Sie die örtlichen Gegebenheiten geprüft haben, können Sie Ihrer Fantasie freien Lauf lassen. Auch hier gilt: Erlaubt ist, was gefällt. Die beste Wirkung entfaltet eine in sich stimmige Dekoration, bei der sich auch Details in das Gesamtkonzept fügen. Sehr wirkungsvoll und darüber hinaus hilfreich ist, wenn Sie Ihre Hochzeit unter ein Thema oder Motto stellen. So wird es Ihnen leicht von der Hand gehen, ein insgesamt harmonisches Gesamtambiente zu schaffen. Wenn es Ihr Budget erlaubt, ziehen Sie einen Fachmann zu Rate!

*Franks Spezial-Tipp*

*Wenn Sie Ihre Location gefunden haben, spielen Sie Mäuschen. Besuchen Sie den Raum, wenn gerade ein Fest oder, noch besser, eine Hochzeit gefeiert wird. Schleichen Sie sich hinein und begutachten Sie das Geschehen.*

*Welche Möglichkeiten der Beleuchtung gibt es? Ist das Licht stimmig? Wie ist es um die Akustik bestellt? Läuft der Service reibungslos und freundlich oder holperig? Schauen Sie sich ruhig ein paar Deko-Ideen ab! Buchen Sie den Raum erst, wenn Sie in all diesen Punkten eine befriedigende Antwort gefunden haben.*

Haben Sie sich für ein Thema oder Motto entschieden, gilt es, Ihre Vorstellungen umzusetzen. Wenn Ihnen eine alte Jugend-

stilvilla, ein Burgverlies oder ein Hotelpark zur Verfügung steht, wird Ihnen die stilgerechte Umsetzung Ihrer Traumdekoration nicht schwerfallen. Sollte Ihr Budget nicht ausreichen, um die perfekte Umgebung zu mieten, können Sie mit fachmännischen Ratschlägen wahre Wunder bewirken. Oberstes Gebot: Betrachten Sie den Raum als Ganzes. Es sollte zu keinem Bruch der einzelnen Stilelemente kommen. Auch Details müssen sich harmonisch in das Konzept einfügen. Grundsätzlich sollten Sie vier Punkte beachten: Die Raumgröße inklusive der feststehenden Elemente wie Säulen, Bilder, Möbel und Einrichtung, die Lichtgestaltung, die Aufteilung der Tische sowie die Tischdekoration. Bei der Raumgröße ist es wichtig, optische Tiefe zu schaffen. Dies kann durch das Anbringen von Deckenelementen wie Luftballontrauben oder Baldachinen in unterschiedlichen Höhen erreicht werden. Raumgröße und Dekoelemente müssen aufeinander abgestimmt sein. Bei sehr großen Räumen sollte großflächig gearbeitet werden, um eine ausreichende Wirkung zu erzielen. Hässliche Wände oder Ecken verschwinden hinter tollen Retro-Tapeten oder effektvollen Stoffen. Hussen geben Stühlen den perfekten Look. Dekorieren Sie mit großen Bändern. Haben Sie Mut, und zeigen Sie Farbe.

*Franks Spezial-Tipp*

*Eine echte Fundgrube ist der Fundus von Film und Theater.*

Arbeiten Sie mit allerlei Materialien wie Stoffen und Tüchern, Girlanden, Lampions und Luftballons, diversen Bodenbelägen und Teppichen, überdimensionalen Postern, Blumen und Kübelpflanzen. Individuelles Flair verleihen private Bilder aus dem Beamer

*Geradlinig – dennoch elegant wirkt diese Tischanordnung.*

*Exklusiv – rechteckige Tische bilden mit Stehtischen einen Mix.*

*Ungewöhnlich – statt einer langen Tafel gibt es einzelne Tische.*

*Prunkvoll – das Ambiente versprüht einen besonderen Charme.*

*Festlich – hier wurde der Raum optimal ausgenutzt.*

*Geschmackvoll – die Komposition der einzelnen Tische bietet viel Platz.*

oder dem Dia-Projektor. Lassen Sie im Hintergrund Ihre Kindheit noch einmal vor den Augen Ihrer Gäste Revue passieren. Oder zeigen Sie Bilder von längst vergessenen Zeiten mit Ihren Freunden. Die werden ihre helle Freude daran haben.

Im Outdoorbereich können graue Terrassen mit Rollrasen bedeckt werden. Unschöne Kanten verschwinden unter Holzschwarten. Als Sitzgelegenheit dienen aufblasbare Möbel wie Luftsessel oder Strohballen. Bunte Lichterketten und Lampions, Fackeln und Feuerkörbe sorgen für eine effektvolle Beleuchtung und ein abgerundetes Ambiente.

Natürliches Licht ist immer noch die romantischste aller Beleuchtungsmöglichkeiten. Ein sehr schönes Licht im Indoorbereich geben Kronleuchter. Ein Muss sind: Kerzen!

Ein absoluter Evergreen ist die Diskokugel. Die Spiegelkugel ist eine einfache und wirkungsvolle Methode, Räumen den gewissen Charme zu verleihen. Die kleinen reflektierenden Spiegel zaubern eine romantische Atmosphäre. Sie können auch Spots auf die

*Franks Spezial-Tipp*

*Lassen Sie unschöne Ecken hinter einer Deko verschwinden. Bringen Sie Licht in langweilige Flure, wie zum Beispiel auf dem Weg zu den Toiletten. Hängen Sie dort Ballons, Fotos und Lichter auf. Die Toiletten werden von Ihren Gästen oft benutzt, deswegen sollten Sie sie auch nicht außer Acht lassen, sondern dekorieren. Es wird sicher auffallen. Mein Tipp: Machen Sie lieber ein bisschen zu viel als zu wenig. Sie heiraten (hoffentlich) nur einmal!*

*Runde Tische eignen sich hervorragend, um die Gäste miteinander bekannt zu machen. Die roten Luftballons lockern die Atmosphäre auf und verleihen dem Raum einen gewissen Charme.*

Kugel richten und mit Farbfolien versehen. So werden die Lichtpunkte in farbiges Licht getaucht.

*Franks Spezial-Tipp*

*Leihen Sie sich Fake-Trees aus. Kunstbäume geben dem Raum ein ganz anderes Flair und machen viel her. Oder warum nicht einmal ein Zimmer-Springbrunnen? Besorgen Sie sich im Theaterfundus filmreifes Dekor.*

Denken Sie bei Ihrer Raumaufteilung an die richtige Anordnung einzelner Bereiche. Schaffen Sie ausreichend Platz für die Tanzfläche und genügend Raum für den DJ, die Band und diverse Showeinlagen. Denken Sie an einen Bereich für das Buffet, für etwaige Cocktailbars und Lounges, Winkel für die Kinder und ausreichend Platz für die Tische.

Auch wenn Sie die ganze Angelegenheit so locker wie möglich angehen möchten, über eine Tischordnung sollten Sie sich auf jeden Fall Gedanken machen, insbesondere wenn Sie viele auswärtige oder gar ausländische Gäste haben. So können Sie vermeiden, dass

*Franks Spezial-Tipp*

*Unschöne Wände kann man ganz leicht mit einem Paravent verschwinden lassen und mit verschiedenen Requisiten aufpeppen. Falls keine Paravents vorhanden sind, können Sie aus vier Holzlatten ein Gestell zusammenbauen und mit Stoff bespannen. Bei empfindlichem Stoff bitte eine Unterlage aus Molton oder Baumwollstoff anbringen. So wird der Stoff geschont und kann gut gespannt werden. Je nach Gliederung der Verkleidung verändert sich die Wahrnehmung von Breite, Länge und Höhe des Raumes. Bei einer Hochzeit im Moulin-Rouge-Stil habe ich einfach roten Satinstoff in großen Falten angebracht. Um einen besseren Faltenwurf zu gewährleisten, habe ich über die Kante der Holzleiste noch Synthetikvlies gelegt. Als i-Tüpfelchen verzierten kleine Federboas die Wand.*

Menschen zusammensitzen, die sich im wahrsten Sinne des Wortes gar nicht verstehen oder bei aller Liebe und Mühe einfach nicht zueinanderfinden wollen. Andererseits können Sie interessante Konstellationen schaffen und in dem einen oder anderen Fall Schicksal spielen. Das Brautpaar sitzt selbstverständlich in der Mitte des Geschehens und hat den besten Überblick. Ansonsten gilt streng nach altüberliefertem Prinzip: Wer näher sitzt, ist auch mehr. Die Eltern sitzen rechts und links des Brautpaares, der Priester oder Pfarrer, wenn vorhanden, in unmittelbarer Nähe. Bei den übrigen Gästen sitzt neben jeder Dame ein Herr, ganz nach den Prinzipien, dass Ehepaare nicht nebeneinandersitzen und dass Familien sich mischen. Aber diese Dinge sind reine Tradition und für eine moderne Hochzeit ohne Belang. Setzen Sie verliebte Paare oder solche, die es werden sollen, und mit Elan und Schwung plaudernde Familienmitglieder zusammen. Mischen Sie drauflos, denn eine muntere Tischgesellschaft ist die beste Voraussetzung für ein rauschendes Hochzeitsfest.

Das Hauptaugenmerk der Dekoration liegt in erster Linie auf der Tischgestaltung. Sie können Ihre Hochzeitslocation aufs Feinste dekoriert haben. Sind Ihre Tische nackt und wenig einladend, wird die Raumdekoration nicht einmal bemerkt, egal, wie viel Mühe Sie sich gegeben haben. Ein hässlicher Raum aber lebt mit einer stilvollen und harmonischen Tischdekoration regelrecht auf. Denn der Tisch ist nicht nur Essplatz. Er bietet viel Raum für Kreativität. Mit wenigen ausgesuchten Accessoires, geschmackvollen Farben und dem richtigen Arrangement der Tischelemente schaffen Sie ein eindrucksvolles Ambiente. Dazu gehören Tischdecken, Servietten, Geschirr, Besteck, Tisch- und Menükarten, Blumen, Blüten und Gestecke,

*Die Rose – das Symbol der Liebe ist ein wunderschönes Deko-Element auf jeder Hochzeit.*

*Für eine Ritterhochzeit lassen sich auch die passenden Utensilien zur Tisch- und Raumdekoration finden.*

Kräuter, Blätter, Laub und Zweige, Früchte und Gemüse, Bänder und Schleifen, Kerzenständer und Gastgeschenke.

*Franks Spezial-Tipp*

*Obst wird zu einem extravaganten Deko-Element, wenn Sie es vorher mit Gold- oder Silberfarbe einsprühen. Dazu das Obst reinigen und mit einem Tuch abtrocknen. Dann mit einem Abstand von 20 bis 30 cm die Farbe leicht auf dem Obst verteilen. Diesen Vorgang nach 10 Minuten wiederholen, um eine gleichmäßige Oberfläche zu erhalten.*

Wenn Sie es romantisch lieben, dekorieren Sie ein wahres Meer aus Blumen. Verschiedenartige Glasbehälter dienen als Vase. Ganz klassisch wird es mit purem Weiß, dem Klassiker für eine elegante Hochzeitstafel. Legen Sie silbernes Besteck auf, und nehmen Sie hohe, schlanke Kerzenständer. Als Farb-tupfer dekorieren Sie langstielige rote Rosen. Satinbänder um die Stühle spiegeln den Farbton der Rosen wider. Ein modernes und puristisches Ambiente schaffen Sie mit klaren Formen und viel Glas. Verwenden Sie als Dekoration nur wenige grüne Halme unterschiedlicher Gräser. Kreieren Sie ausgefallene Menükarten, indem Sie die Speisenfolge auf eine Plexiglasscheibe schreiben und mit einer einfachen weißen oder cremefarbenen Serviette hinterlegen.

Ein besonders schönes Stilmittel der Tischdekoration ist das Center-Piece, also

*Franks Spezial-Tipp*

*Deko-Kristalle aus Glas gibt es in grob oder fein in allen nur erdenklichen Farbnuancen. Sie setzen auf Ihren Tischen wunderschöne Akzente. Streuen Sie einfach eine Handvoll auf jeden Tisch.*

*Dekorieren Sie farbige Gläser oder solche, die gefüllt bei gedimmtem Licht leuchten.*

das Herz- oder Mittelstück einer Tischdekoration. Für eine Sommerdeko eignen sich als Center-Piece gebündelte Kornähren, dazu Windräder und Schmetterlinge aus Stoff. Ein Trend aus Kalifornien sind die sogenannten Floating Flowers. Füllen Sie Zylindervasen mit Wasser, und tauchen Sie die komplette Blume ein. Zum Thema Wasser können Sie ein kleines Aquarium als Mittelpunkt deko-

*Franks Spezial-Tipp*

*Das Center-Piece ist das Herz des Tischschmucks und Hauptstück der Dekoration. Beispielsweise eignet sich eine besondere Porzellanfigur oder ein einzelner kleiner Baum wie der Bonsai als Center-Piece.*

rieren. Achten Sie dabei auf die richtige Wassertemperatur und eine gute Sauerstoffzufuhr. Das Aquarium sollte eckig sein, sonst verlieren die Fische die Orientierung. Beach-Feeling zaubern Sie, indem Sie große Korallen dekorieren. Besonders stylish sind Orchideen. Mit leichtem Holz erhält die Deko ein asiatisches Flair.

Essentiell für den Gesamteindruck ist das harmonische Zusammenspiel von Tischform und Deko-Elementen. Sind die Tische lang, arrangieren Sie größere und kleinere Elemente abwechselnd. Bei einem runden Tisch empfehlen sich ein Center-Piece und drei oder vier kleine Dekoelemente zwischen den einzelnen Plätzen. Der Tisch ist gut arrangiert, wenn zwischen jeweils vier Plätzen eine kleine Dekoration platziert wird. Stilvoll

gestaltet zaubern sie so die richtige Atmosphäre für ein geschmackvolles Hochzeitsmahl.

## MOTTO- UND THEMENHOCHZEITEN

Theme Weddings oder Mottohochzeiten liegen voll im Trend. Sie spiegeln Lebensart und Stilrichtung, Empfinden und Geschmack der Brautleute wider und bescheren der Hochzeitsgesellschaft ein Fest der ganz besonderen Art. Dabei sollte sich das gewählte Motto oder Thema wie ein roter Faden durch das gesamte Hochzeitsfest ziehen – bei der Auswahl des Hochzeitsstils, des Hochzeitsgefährts, der Feierlocation und der Dekoration. Überschlagen Sie Ihr Budget. Reicht es für eine extravagante Gestaltung? Denken Sie auch darüber nach, eventuell Ihre Gäste einzubeziehen, die dann das Motto in ihrer Garderobe umsetzen sollen. Oberstes Gebot bei der Entscheidung für ein Thema: Braut und Bräutigam müssen sich damit wohlfühlen. Sie tun sich keinen Gefallen, wenn er aus Liebe einer Caribbean-Dream-Hochzeit zustimmt, obwohl er für die Gletscher Alaskas schwärmt, oder sie einer Fußballhochzeit, wenn sie mit völligem Unverständnis auf die Leidenschaft ihres Liebsten blickt.

***Bild rechts:** Tischdeko „Camouflage": Die Tischdecke ist aus Camouflage-Stoff. Dieses prägnante Muster wird immer wieder durch romantische Details gebrochen. Zum Beispiel wurden rote Linsen als Teil des Musters auf den Tisch gelegt. Rote Rosen wurden in kleine Holzscheite gesteckt. Ein Kristallkerzenleuchter mit roten Kerzen und einer orangenfarbenen Kerze bringt Romantik ins Spiel und spiegelt die Linsenfarbe wider. Eine Artischocke im Glas nimmt die Camouflage-Farbe wieder auf.*

Die optimale Feierlocation für eine Fußballhochzeit ist ein Fußballstadion, wie z. B. die Arena „Auf Schalke" oder das Berliner Olympiastadion, oder die Grünanlage inmitten eines Gartens oder Hotelparks. Ist eine Feier unter freiem Himmel nicht möglich, können Sie die Location mit Kunstrasen auslegen. Die Tische werden nach Spielern benannt, die Tischkarten erhalten das Aussehen einer Knappenkarte. Als Deko verwenden Sie zum Beispiel Tornetze, Wimpel und Fußbälle unterschiedlicher Größe. Servieren Sie als Mitternachtssnack eine Stadionwurst.

Cool wirkt eine Black-and-White-Hochzeit. Sämtliche Dekorationen sowie die Kleidung der Hochzeitsgesellschaft sind komplett in Schwarz und Weiß gehalten. Eine große Herausforderung und ein toller Effekt. Wenn Sie viel Farbe mögen, feiern Sie die Swept-Away-Wedding. Halten Sie alles in Blau, und schwimmen Sie in einer fantastischen Wasser- und Wellenwelt im endlosen Glück Ihrer Liebe. Wasser ist überhaupt ein Thema, mit dem sich fantastisch arbeiten lässt. Tanzen Sie ins gemeinsame Glück mit dem Underwater-Style im Aquarium – neben Haien. Mit hellblauen Stoffen, Sand und Seesternen, Kieseln, Korallen und Kugeln aus Spiegel und Glas gestalten Sie wahre Meeresträume. Als Pflanzenschmuck eignen sich Unterwasserpflanzen und getrockneter Seetang. Dekorieren Sie Muscheln in schönen Behältnissen und kleine Aquarien. Bunte Teelichter geben den letzten Kick.

Harmonisch und elegant wirkt eine Champagner-Hochzeit. Die Farben sind Weiß, Creme und Gold. Dekorieren Sie die Tische mit Blattgold. Als Blumenschmuck eignet sich Buchsbaum zum Kranz gewickelt und mit weißen Schleifenbändern geschmückt. Der Buchsbaum verheißt Glück, wenn er im Garten gut gedeiht. Pflückt man

einen Zweig dieser Pflanze vom Grab der Liebenden Héloise und Abaelard in Paris, so wird man der Überlieferung nach innerhalb des folgenden Jahres heiraten.

*Unter dem Motto des Meeres – Seesterne und Muscheln umrahmen Kerzen.*

Pracht und Prunk verspricht eine Hochzeit in Neo-Barock. Schwere Stoffe in dunklen, kräftigen Farben kombiniert mit Creme und Gold sowie klassische Dekors und verspielte Ornamente. Kronleuchter und Kandelaber sind hier die wichtigsten Elemente.

Sind Sie ein Fan des Landhausstils? Dann ist die Country-Wedding das Richtige. Das typisch rustikal-stylishe Ambiente erreichen Sie durch derbe Holztische, gebrochen durch elegante Tischwäsche, Flechtübertöpfe und weiße Kerzenleuchter, Holzschalen und Olivenölflaschen aus Glas. Arbeiten Sie mit Lavendel, Oliven und Feigen sowie mit großen Blumengebinden in Metalleimern und Gießkannen. Dekorieren Sie mit Strohballen.

Süße Hochzeitsträume werden mit der Schoko-Hochzeit wahr. „Speise der Götter" ist nur eine von vielen Umschreibungen für Schokolade. Die Azteken schätzten den gefiederten Gott und Toltekenkönig Quetzalcoatl, der Kakao als Geschenk mit auf die Erde brachte. Die Maya beteten einen Gott mit einem schwarzen Gesicht und einer langen Nase an, den Kakaogott Ek Chuah. Die Maya und Azteken waren auch die Ersten, die Kakao anbauten. Erst im 16. Jahrhundert wurde der Kakao nach Europa gebracht, zunächst nach Spanien. Aber lediglich die Aristokratie und Geistlichkeit am königlichen Hof konnte sich Schokolade leisten. Schokolade fördert emotionale Gefühle wie Freude und Genuss. Casanova und die Marquise de Sade verzehrten Unmengen der süßen Leidenschaft. Versenden Sie Ihre Einladungen auf oder mit einer Tafel Schokolade. Arbeiten Sie mit Kakao- und Schokobohnen, Chilischoten, Pralinen und braunen und weißen Bändern. Stellen Sie als Glanzpunkt Ihrer Dekoration einen Schokoladenspringbrunnen auf. Bedenken Sie jedoch, dass Schokoträume an heißen Sommertagen leicht zerrinnen!

Charleston und Black Bottom, Ragtime und Jazz – entführen Sie Ihre Hochzeitsgesellschaft in die 1920er Jahre. Orientieren Sie sich bei der Ausstattung an den mondänen Berliner Salons, in denen die feine Gesellschaft ihr Tanzbein schwang, bevor sie in Nachtclubs weiterzog. Richten Sie die Szenerie eines Casinos her, und genießen Sie die luxuriöse Atmosphäre bei Kir Royal und Zigarettenspitze. Laden Sie ein Vokalensemble ein, und spielen Sie Schellackplatten.

Dekorieren Sie mit Seidenfasern, Tüll und Glasperlen. Servieren Sie Americano und Zimtespresso.

*Der Americano*

*Der Americano ist das Getränk der 1920er Jahre. So mixen Sie ihn:*

*2 cl Campari – 4 cl roten Wermut – Orangenschale – Zitronenschale.*

*Alle Zutaten im Apéritifglas mit Eiswürfeln gut rühren. Die Fruchtschalen über dem Glas knicken. Sie können die verrührten Zutaten auch in einen Tumbler mit Soda geben.*

Mittelalterlich gestalten Sie Ihre Location mit Tierfellen, Feuerschalen, Wagenrädern, Trinkhörnern, Eisenkesseln und Fackeln. Dekorieren Sie Wände und Decke mit schweren, roten Stoffen, Wappen und ritterlichem Rüstzeug. An der Decke befestigte Wagenräder werden mit diversen Behältnissen bestückt, die mit Efeu, Wiesenblumen und Kräutern wie Rosmarin, Oregano und Tomate gefüllt sind. Große Kerzenleuchter mit Stumpenkerzen und mit Phosphorspray besprühte Steine geben dem mittelalterlichen Ambiente den letzten Kick. Servieren Sie Honig-Met mit Leuchteis.

Sind Sie ein Fan von James Bond 007? Dann feiern Sie eine Hochzeit im Agenten-Style. Charmant und verrucht ist dieses Motto. Entwerfen Sie Einladungskarten mit den Bondgirls für die Damen, mit Bond-Bösewichtern für die Herren. Dekorieren Sie cool und klassisch in den Farben Schwarz, Weiß, Rot und Gold. Roulette-Tische und Spotlichter schaffen eine echte Casino-Atmosphäre. Verteilen Sie Zigarettenspitzen, und reichen Sie Martini zum Apéritif. Natürlich geschüttelt und nicht gerührt.

*Die Märchenhochzeit – ob Location,
Namensschilder oder Deko, alles harmoniert
perfekt.*

Der auffällige und dominante Leopardenstoff braucht nicht viele Details, sonst wirkt es schnell überladen. Hier wurden als kleine Highlights helle Perlen auf dem Stoff verteilt. Goldene Kerzen und pinkfarbene Dahlienblätter lockern den Gesamteindruck auf. Der Kick: Eine Federboa umschlingt lässig die Tischdeko. Der Look ist extravagant und sexy.

Lieben Sie ein Land oder eine Lebensart auf der Welt ganz besonders? Warum in die Ferne schweifen! Holen Sie sich diesen Ort nach Hause! Wenn Sie der asiatischen Kultur zugetan sind, dann feiern Sie im Asia-Style. Von farbenfroh-schwelgend über exotisch-mystisch bis orientalisch-luxuriös in starken Farben und mit edlen Geweben. Zaubern Sie exotisches Flair mit Stoffen, die Ihrer Haut schmeicheln. Werfen Sie Stühle und Tische raus. Installieren Sie stattdessen eine niedrige Hochzeitstafel im asiatischen Stil.

Oder dekorieren Sie im Japan-Stil. Bambus, Schilf, Bonsai-Bäumchen und symbolträchtige Elemente wie Mandarin-Enten für die Treue, Steine für das Glück, bunte Bänder für den guten Hausgeist, Kugelkerzen für die Unendlichkeit und Lotusblüten für eine harmonische Ehe sorgen für den richtigen Look. Heiraten Sie nach balinesischer Art: Palmen, Strohmatten und mit bunten Pailletten besetzte Stoffbahnen als Wandbekleidung, seidene Kissen und Stuhlhussen mit viel Farbe, dazu Reispapierlampen und Papierfiguren.

Machen Sie auf Ihrer Hochzeit den Taj Mahal zum Leitthema und feiern im indischen Stil à la Bollywood. Reliefschmuck und Wandbehänge aus Brokat schaffen ein orientalisches Ambiente. Mögliche Dekomaterialien sind mit Perlen verzierte Glockenstränge aus Messing, Ritualgegenstände wie Zimbeln und Manisteine, aus Kokos gefertigte Salz- und Pfefferstreuer sowie Servietten mit indischem Muster. Exotische Farbenspiele in Gelb, Orange, Pink und Rot setzen Akzente. Wohlfühlinseln mit riesigen Sitzpolstern und mit Himalaya-Kräutern gefüllte Duftkissen laden zum Relaxen ein. Indische Elefantenstatuen dienen als Eyecatcher. Versenden Sie kleine indische Bilderrahmen mit einem Hochzeitsbild als Dankeschön. Wichtige

Blume hier: die Tagetes oder Studentenblume. Sie sollte in großen Mengen überschwänglich verwendet werden.

Heiraten Sie im Hazienda-Stil unter dem Motto „Fiesta Mexicana". Engagieren Sie

*Eine niedrige Tischdeko im asiatischen Stil. Mini-Gladiolen, Orchideen und Ginkgoblätter werden in kleinen Porzellanschiffchen arrangiert. Die Streifen des Tischtuchs sind aus goldenem Vlies. Die schwarzen Steine bilden dazu einen schönen Kontrast und erinnern an einen japanischen Garten. Kleine goldene Spiralen sorgen für Leichtigkeit.*

eine Mariachi-Kapelle, die in sentimentalen Balladen und zu fröhlichen Klängen von der Liebe und der Schönheit der Frauen singt, während sich Ihre Gäste an einem Buffet mit original mexikanischem Essen laben. Dekorieren Sie in den Farben Mexikos wie Purpur,

Rosa, Ocker, Ultramarin und Grün. Papiergirlanden in den Nationalfarben Rot, Weiß und Grün, künstliche Kakteen, mexikanische Teppiche und Bilder der Künstlerin Frida Kahlo machen das mexikanische Ambiente perfekt.

Mit Sand, Bambusparavents und Palmen erhalten die Räumlichkeiten bei einer Caribbean-Hochzeit die gewünschte Atmosphäre. Schaffen Sie mit bunten Liegestühlen und Hängematten eine Chill-out-Lounge. Eine Cocktailbar, Servicepersonal mit Blumenschmuck sowie Hibiskusblüten und Papagei-

*Für eine Venetian Dream Wedding ist diese venezianische Maske das perfekte Utensil.*

en aus Pappmaché sind die richtigen Mittel, um fernab der Alltagswelt karibisches Flair zu zaubern.

Originell ist auch eine Wedding „Carnevale di Venezia". Veranstalten Sie einen Mas-

kenball nach venezianischem Vorbild, und dekorieren Sie im barocken Stil mit Engeln und bauschigen Tüchern an den Wänden. Arbeiten Sie mit kräftigen Farben wie Rot, Blau und Gelb sowie Gold. Original italienische Straßenlaternen und ein singender Gondoliere runden das Ambiente ab.

Absoluter Trend und ganz nach Al Gores Geschmack ist die Green-Eco-Wedding. Ökologisch heiraten ist aber nicht einfach nur bewusstes Feiern. Öko ist schick und sexy. Dieser Trend von der Westküste der USA arbeitet ausschließlich mit wiederverwertbaren Materialien. Stoffe aus Baumwolle, Hanf und Leinen, Farben auf Naturbasis, Teller aus Zuckerrohr und organische Weine sind die Zutaten der grünen Hochzeit. Alles ökologisch abbaubar und aus fairem Handel. Unverzichtbar für diese Mottohochzeit ist Healthy Food aus der kalifornischen Küche. Sie ist fantasievoll, leicht und legt Wert auf frische Zutaten wie Fisch, Meeresfrüchte, frisches Obst und Gemüse. Buchen Sie einen Catering Service, der seine Zutaten aus ökologischem Anbau aus der Umgebung bezieht. Die Einladungskarten drucken Sie auf recycelbarem Papier. Und Ihre Ringe sollten aus wiederverwertbarem Weißgold bestehen. Als Geschenktipp für Ihre Gäste schreiben Sie auf Ihre Einladung das Spenden-Konto einer Umweltschutzorganisation.

Lieben Sie den Frühling und die erwachende Natur? Oder laufen Sie erst im Sommer zur Höchstform auf? Vielleicht bevorzugen Sie die Farbenvielfalt im Herbst? Möglicherweise ist aber auch der Winter mit kalten, klaren Tagen und kuscheligen Abenden Ihre Jahreszeit. Lassen Sie sich inspirieren, und dekorieren Sie nach Frühjahr, Sommer, Herbst oder Winter.

Mit dem Frühling erwacht die Natur zu neuem Leben. Die Luft duftet nach Blüten und Knospen. Eine Frühlingsdeko sollte vor allem Frische ausstrahlen. Angesagte Farben sind Grün, Gelb, Orange. Als Blumen eignen sich Maiglöckchen, Magnolien, Osterglocken, Narzissen, Flieder, Freesien und Tulpen. Fabelhaft wirken Zweige und Blüten von Gehölzen wie Zitronen- und Orangenbäumen oder Linden und Kirschen. Stellen Sie große Glasbehälter auf, und dekorieren Sie mit Hyazinthen samt Knolle und Wurzel. Langstielige Tulpen machen sich hervorragend in länglichen Gläsern. Oder arbeiten Sie mit dekorativen Vogelbauern, die Sie mit Moos, Blumen und Dekovögeln besetzen.

Der Sommer besticht durch satte, kräftige Farben. Paprikarot, Gold oder Weiß passen zu dieser Jahreszeit. Farbige Schmuckbänder bringen wunderschöne Farbtupfer. Dekorative Blumen sind Dahlien, Hibiskus, Sonnen- und Kornblumen. Bestücken Sie Ihre Location mit großen Körben voll Wiesenblumen und Kornähren. Füllen Sie gläserne Gefäße mit duftenden Zitrusfrüchten oder Johannisbeerrispen, das gibt den richtigen Frische-Kick. Oder dekorieren Sie mit Blumenkränzen. Mediterranes Flair versprühen Zitronen- und Mandelbäumchen, Weintrauben und Lorbeerkränze. Dekorieren Sie römische Sta-

*Franks Spezial-Tipp*

*Ein leichtes, sommerliches Deko-Material ist Kork. Sie können beispielsweise Korkelemente als Unterlage auf den Tischen platzieren oder Wände mit Kork verkleiden, Menükarten und Ähnliches mit Kork oder holzähnlichem Papier einschlagen. Initialen und Datum einritzen – das sieht aus wie ein Baumstamm, in den Sie mal verliebt Ihre Namen gekerbt haben.*

tuetten dazu. Benutzen Sie statt der herkömmlichen Serviettenringe Gräserhalme und Blätter.

Wenn Sie den Herbst lieben, dekorieren Sie mit Laub, Beeren, Walnüssen, Kürbissen oder Pilzen. Binden Sie kleine Holzbündel für Ihre Tischdekoration. Verwenden Sie Kienäpfel, Zapfen, Farne oder Moose. Verleihen Sie Ihrer Deko mit Farben wie Bronze, Karminrot, Smaragdgrün, Pflaume und Aubergine den herbstlichen Look. Typische Herbstblumen sind Hortensien, Astern und

*Franks Spezial-Tipp*

*Eine meiner Lieblingsdekos: Der verwunschene Klostergarten. Er passt perfekt zu einer herbstlichen Hochzeit. Große Steine, Figuren wie Engel aus Stein – sie können auch aus Pappmaché sein – mit Moos überwuchert, getrocknete Herbstblätter und frische Gartenkräuter wie Rosmarin, Zitronenmelisse und Estragon. Dazu große, cremefarbene Altarkerzen unterschiedlicher Größe in Dreiergruppen.*

Chrysanthemen. Chrysanthemen gelten in Japan als dornenlose Rose und versprechen dem Brautpaar Reichtum und Glück.

Der Winter kommt mit Farben wie Beerenrot, Pink, Indigo-Blau, Silber, Gold und Elfenbein daher. Dekorieren Sie mit Blumen wie Amaryllis, weißes Schleierkraut, Iris, Schneeglöckchen, Edelweiß oder Christrosen. Eine schöne Idee sind auch Mistel- und Kieferzweige. Verwenden Sie Gewürze wie Zimt und Kardamom. Arbeiten Sie mit Fellen, Feuer, Samt und Kerzenschein. Sorgen Sie für Glanz. Verwandeln Sie beispielsweise die Festtafel mit Strasssteinen in eine Welt aus Eiskristallen. Setzen Sie Highlights an der Bar mit Leuchteiswürfeln. Oder servieren Sie den Champagner im Frost-Look: Dazu die angefeuchteten Glasränder in Kristallzucker tauchen. Mit einer Schneeflocken-Deko verwandeln Sie Ihre Hochzeit in ein traumhaftes Wintermärchen.

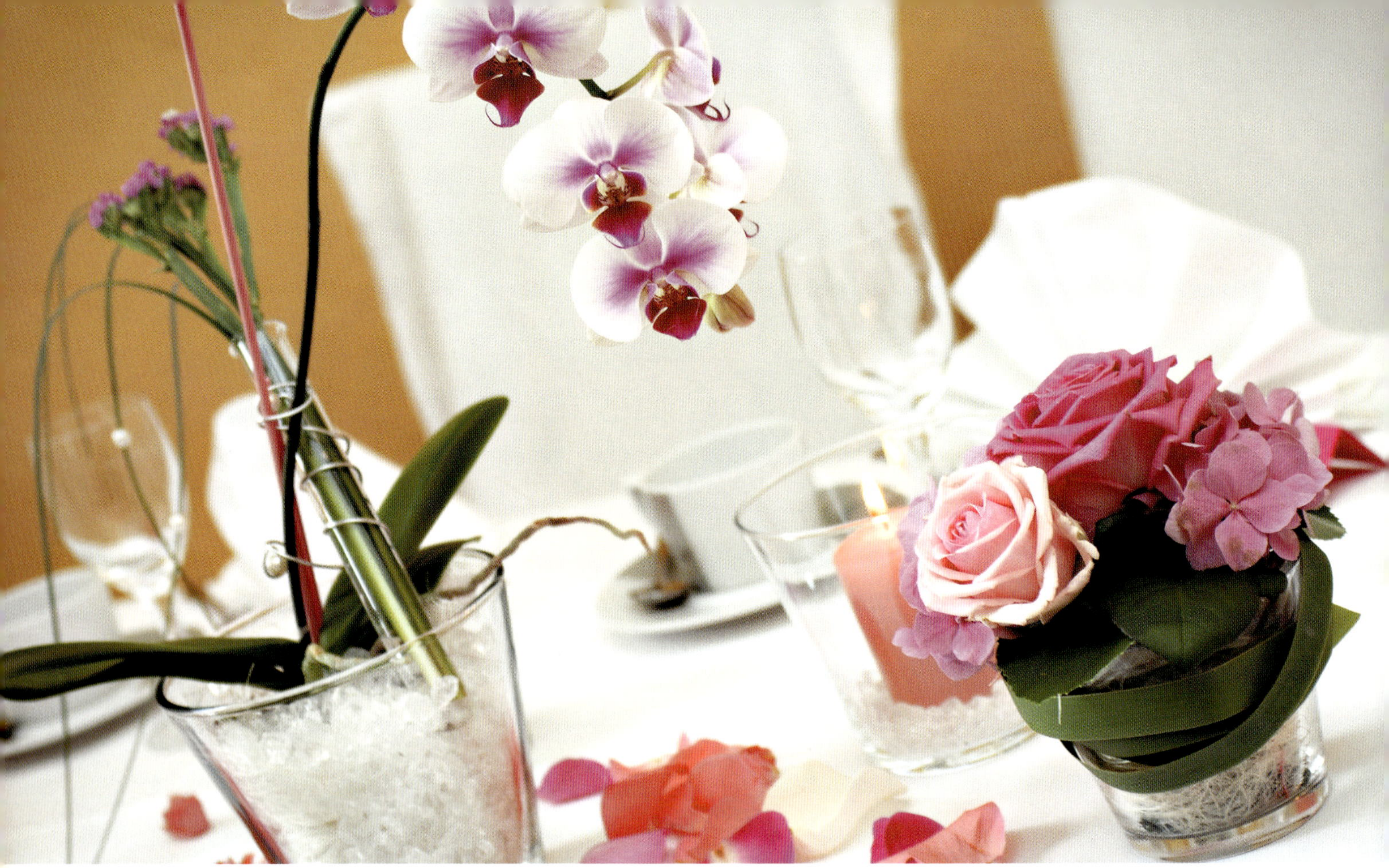

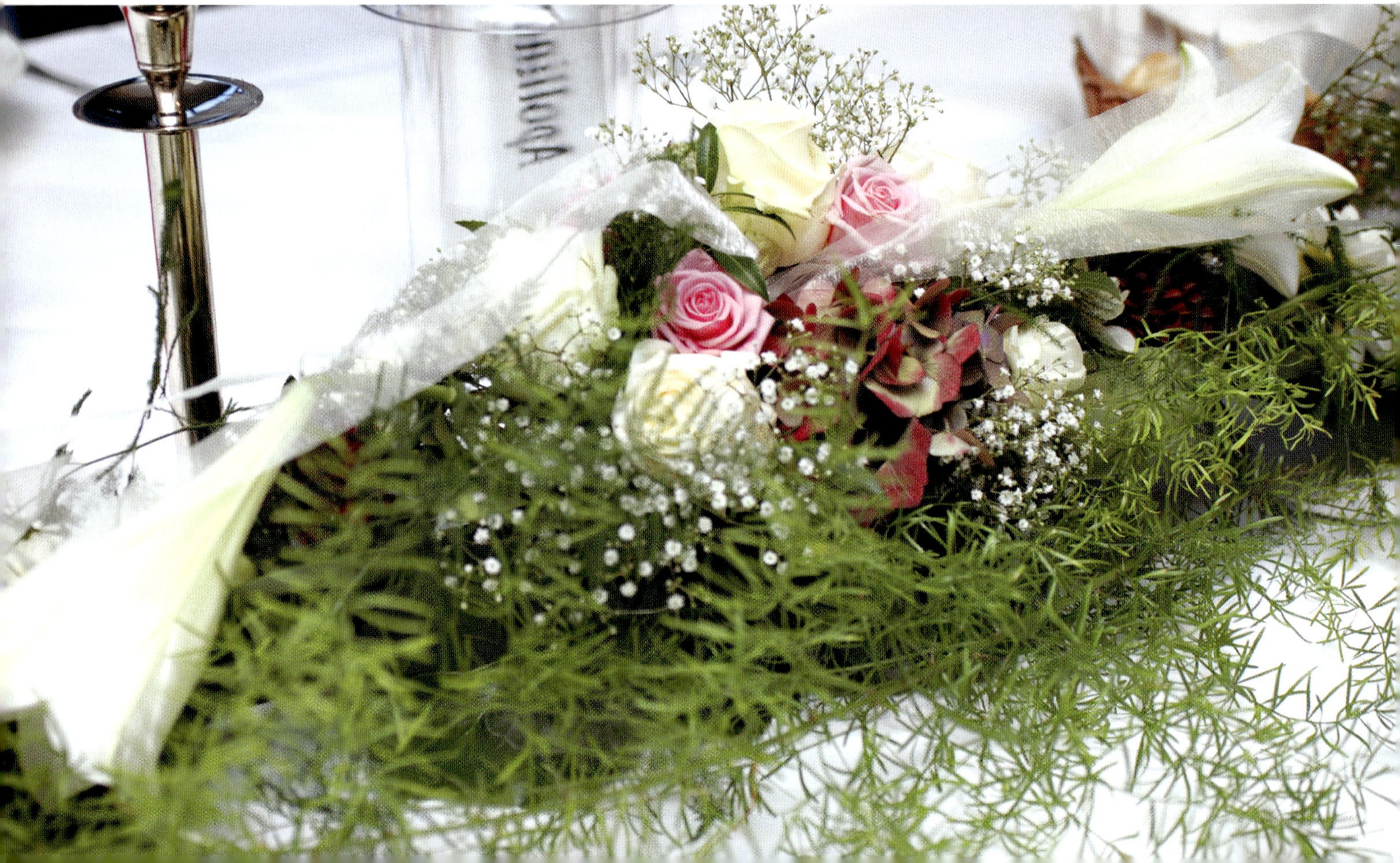

# Blütenzauber

Ob als Strauß, als Gesteck oder einzeln? Schöne, duftende Blumen verleihen ein besonderes Flair und machen die Tischdeko erst perfekt. Es muss auch nicht immer eine Vase sein! Für eine Orchidee eignet sich z. B. gut ein elegantes Glas, gefüllt mit Dekosteinen, Zweigen und Blättern. Oder arrangieren Sie die Blumen auf einem Bett aus Blattgrün. Besondere Elemente der Tischdeko heben Sie mit einem aus Blumen geformten Kranz hervor. Schmücken Sie eine einzelne Blüte mit Perlen und Schleifen. Ergänzen Sie den Blumenschmuck farblich und stilistisch passend mit Kerzenleuchtern, Teelichthaltern, Dekosteinen und einzelnen Blütenblättern, die Sie auf dem Tisch verstreuen.

# Tier oder Technik

Ihr gemeinsamer Weg ins Glück beginnt mit der Fahrt zur Trauung.
Ob extravagante Luxuslimousine, eine romantische Pferdekutsche oder
ganz sportlich mit dem Tandem.

**Bild links:** *Der Weg zum Standesamt oder zur Kirche wird durch das passende Gefährt
erst individuell und unvergesslich.*

Die Wahl des Hochzeitsgefährts obliegt ganz allein Ihrem Geschmack. Vielleicht ist der Bräutigam ein begeisterter Feuerwehrmann – dann kommen Sie doch mit einem nostalgischen Spritzenwagen. Oder lieben Sie den Luftsport? Mieten Sie einen Heißluftballon. Wenn Sie sich während Ihrer Studentenzeit kennengelernt haben, bevorzugen Sie möglicherweise Fahrräder oder einen gut gepflegten alten Käfer.

Bei der Entscheidung für Ihr Fortbewegungsmittel sollten Sie Ihre ganz persönlichen Leidenschaften und den Stil Ihrer Hochzeit, die Jahreszeit und den Anfahrtsweg einbeziehen. Feiern Sie in einem traditionellen Rahmen, ist eine von weißen Schimmeln gezogene Kutsche mit Sicherheit das richtige Gefährt. Zu einer eleganten Hochzeit in einer Luxuslocation passt eine Limousine der Oberklasse. Lieben Sie es eher modern und hipp? Fahren Sie in einem schicken Cabrio vor. Oder mögen Sie vielleicht

*Auch hoch zu Ross macht die Braut eine gute Figur.*

*Bei einer Märchenhochzeit ein Muss – die traditionelle Hochzeitskutsche.*

die asiatischen Lebensweisen? Wie wäre es dann mit einer Fahrt in der Rikscha?

Sind Sie leidenschaftlicher Motorradfahrer oder begeisterter Mountain-Biker? Sammeln Sie Oldtimer oder lieben Sie Pferde? Gehen Sie gern in die Luft, oder hängen Sie mit Leib und Seele an Ihrem Beruf? Lassen

Sie Ihrer Kreativität freien Lauf, und erfüllen Sie sich einen Traum. Alles ist möglich. Erlaubt ist, was gefällt. Ob landläufig in Papas Mercedes oder ausgeflippt hoch zu Ross.

Behalten Sie bei der Auswahl des Hochzeitsgefährts die Distanz zum Ort der Festivitäten im Auge. Bei langen Wegen ist eine Kutsche nicht die richtige Entscheidung. Sollten Sie in den Bergen heiraten, wären Sie mit einer Fahrradtour am Hochzeitstag eventuell leicht überfordert. An kalten Wintertagen oder an einem regnerischen Frühlingswochenende ist ein Cabrio nicht unbedingt empfehlenswert. Und auch ein Heißluftballon kann bei Wind ungeahnte Abstecher einlegen.

Das Hochzeitsgefährt muss zu Ihrem Hochzeitsoutfit passen. Eine Braut im Schleppenkleid passt auf kein Tandem, und wie wirkt ein voluminöser Schleier, der in einem VW-Käfer Platz finden muss?

Egal, ob nun Ein- oder Zweirad, Tier oder Technik. Erst mit dem richtigen Schmuck wird das Fortbewegungsmittel zum richtigen Hochzeitsgefährt und garantiert Ihnen einen traumhaften Start ins gemeinsame Leben. Achten Sie darauf, dass die Dekoration mit dem Kleid und dem Blumenschmuck der Braut harmoniert. Haben Sie sich für ein Auto als Hochzeitsgefährt entschieden: Auch Typ und Farbe sollten mit der Dekoration abgestimmt sein. Es empfehlen sich eine Blumengirlande oder – klassisch – ein Gesteck auf der Motorhaube (sehr romantisch in Herzform). Wichtig: Wenn das Gesteck groß ist, muss es dezentral Richtung Beifahrerseite angebracht werden, damit der Fahrer freie Sicht hat. Oder verteilen Sie an langen Zierschnüren befestigte Blumen über das Fahrzeug. Ein das Gefährt umlaufendes Blumenband macht sich ebenso gut wie kleine Blumensträuße an den Türgriffen. Binden Sie bei der Planung Ihren Floristen mit ein.

*Mit Blumenkranz und Seidenbändern ist das Hochzeitsgefährt passend dekoriert.*

Er wird Ihnen eine Fülle von Möglichkeiten und Ideen präsentieren. Falls das Ihr Budget nicht erlaubt, veranstalten Sie doch ein kleines Brainstorming mit den engsten Freunden.

Möchten Sie an Ihrem Hochzeitstag einen Chauffeur engagieren oder das Steuer selbst übernehmen? Ob Kutsche oder Auto, denken Sie auch an die richtige Sitzordnung. Der Bräutigam sitzt immer links von der Braut. Sie steigt zuerst ein und er zuerst aus!

*Franks Extra-Tipp*

*Am Hochzeitstag auf jeden Fall daran denken, dass der Wagen aufgrund des Blumenschmucks nur max. 30–40 km/h fahren kann. Eine Kutsche fährt natürlich noch langsamer, ca. 10 km/h. Deshalb empfehle ich, im Vorfeld die Wege einmal abzufahren, damit das Timing stimmt, und vor der Kirche und der Location einen guten Parkplatz für das Hochzeitsgefährt zu reservieren.*

Entscheiden Sie sich für einen Fahrer – hier bietet sich Ihr Trauzeuge an –, dann erstellen Sie unbedingt einen Zeitplan.

Während der Fahrt zum Ort der Trauung und zu den Hochzeitsfeierlichkeiten können Sie Ihrem gemeinsamen Lieblingslied oder den Klängen romantischer Musik lauschen. CD bitte frühzeitig, griffbereit und sichtbar bereitlegen. Am Hochzeitstag wird sie sonst leicht vergessen!

Die Fahrt der Hochzeitsgesellschaft zu dem eigentlichen Ort der Feierlichkeiten will ebenfalls geplant sein. Ist der Ort der Trauung etwas weiter vom Ort der Hochzeitsfeier entfernt, stellt sich die Frage, ob ein Sammeltransport organisiert werden muss. Am einfachsten ist es selbstverständlich, wenn die Hochzeitsgesellschaft in eigenen Autos anreist. Traditionell fahren diese im Konvoi und drehen zu Ehren der Frischvermählten vielleicht eine aufsehenerregende Extra-Runde durch die Stadt. Ein gemeinsames Erkennungszeichen, wie zum Beispiel eine weiße Schleife oder Ballonherzen, Hupen oder Dosenscheppern, signalisieren: Hier wird geheiratet. Hier wird gefeiert. Hier beginnt für zwei Menschen der gemeinsame Weg ins Glück!

Just married

# Hochzeits„kutschen"

Ob in einem Londoner Doppeldecker-
Bus, auf einer Harley Davidson, in
einer Stretch-Limousine oder in einem
Fiat 500 – für die Fahrt ins Glück
bieten sich die unterschiedlichsten
Möglichkeiten an.

# Ja, ich will

Sie haben sich entschieden, möchten JA zueinander sagen und Ihre Liebe und
Verbundenheit gesetzlich und zeremoniell besiegeln? Dann müssen Sie zunächst zum
Standesamt. Denn in Deutschland gilt die sogenannte obligatorische Zivilehe.
Sie wurde 1875 eingeführt und ist die einzige gesetzlich anerkannte Ehe.
Bis dahin oblag das Recht der legalen Eheschließung der Staatskirche.
Seit 2001 haben gleichgeschlechtliche Partner in Deutschland die Möglichkeit,
eine sogenannte Eingetragene Lebenspartnerschaft zu schließen. Diese erfüllt teilweise
die Aufgaben, die bei heterosexuellen Paaren die Ehe erfüllt. Während die
Lebenspartnerschaft das Privatrecht der Ehe nachbildet, stellt das öffentliche Recht
die Lebenspartnerschaft der Ehe nicht gleich.

*Bild links: Sich das Ja-Wort geben ist für viele verliebte Paare die Krönung ihrer Liebe.*

Die Trauung auf dem Standesamt hat heute längst nicht mehr einen solch nüchternen Charakter wie noch vor einigen Jahrzehnten, wobei die Formalitäten die gleichen geblieben sind. Viele Standesämter verfügen über sogenannte lizenzierte Außenstellen, an denen eine standesamtliche Trauung möglich ist. Burgen, Schlösser, Schiffe, Stadien – sie alle bieten ein Ambiente, das allen Bürokra-

*Standesamtliche Trauungen müssen längst keine nüchternen Zeremonien mehr sein.*

tismus vergessen macht und aus der ehemals sehr trockenen Angelegenheit eine traumhafte Eheschließung werden lässt!

Wenn Sie traditionell katholisch heiraten, ist das Standesamt nur eine Pflicht. Denn für Sie ist die Besiegelung Ihrer Liebe vor Gott als Sakrament letztendlich die gültige Eheschließung und in diesem Sinn ein rechtswirksamer Vertrag. Die evangelische Kirche hingegen erkennt die standesamtliche Eheschließung an. Die kirchliche Trauung hat also den Charakter einer Zeremonie, bei der die Brautleute ihren Glauben und ihre Ehe unter Gottes Wort stellen. Möchten Sie eine konfessionsübergreifende Trauung, richtet sich das Treueversprechen danach, in welcher Kirche die Trauung stattfindet. Wünschen Sie sich eine katholische Trauung unter Mitwirkung eines evangelischen Pfarrers oder eine evangelische Trauung unter

Mitwirkung eines katholischen Priesters? Entscheiden Sie sich für Letzteres, benötigen Sie ein bischöflich erteiltes Dispens von der Form, das heißt eine Befreiung von der Pflicht zur Trauung in der katholischen Kirche. Neben der christlichen Trauung gibt es die Möglichkeit, Ihr Ja-Wort zueinander im Rahmen einer ganz individuell gestalteten Zeremonie zu bekräftigen – der sogenannten „freien Trauzeremonie" – und die obligatorische Trauung persönlich mit Leben und Worten zu füllen. Für Paare jeden Geschlechts bieten sich zum Beispiel „freie Theologen" oder Redner/Humanisten an, um die Trauung einzigartig und nach persönlichen Vorstellungen zu gestalten.

Ob Sie nun eine katholische, eine evangelische oder eine konfessionsübergreifende Trauung in Betracht ziehen, nehmen Sie frühzeitig Kontakt zu Ihren Ansprechpartnern auf, das heißt ungefähr ein halbes Jahr vor Ihrem Wunschtermin. So kommt es zu keinen Terminschwierigkeiten. Auch der Ablauf der Zeremonie sowie Ihre Wünsche und Vorstellungen in Bezug auf den Blumenschmuck, die Musik und nicht zuletzt Ihren Trauspruch wollen geplant werden.

## IN DER KIRCHE

Für die katholische Kirche ist die Ehe als Sakrament ein Abbild des Bundes zwischen Christus und der Kirche und damit eine unlösbare Gemeinschaft. Die Eheleute spenden sich mit dem Ja das Sakrament selbst. Anwesend sind dabei neben dem Priester zwei Trauzeugen, die bezeugen, dass sich das Brautpaar in Liebe das Ja-Wort gibt. Die Trauzeugen bezeugen mit ihrer Unterschrift, dass die Ehe in Liebe geschlossen wurde.

***Bild rechts:*** *Eine Trauung im Freien – bei Sonnenschein ideal.*

Voraussetzung ist, dass die Zeugen volljährig und in Vollbesitz ihrer geistigen und körperlichen Kräfte sind. Trauzeugen, die der deutschen Sprache nicht mächtig sind, benötigen einen Dolmetscher. Die katholische Tauung ist an den Vollzug in heiligen Räumen der Kirche gebunden. Dabei muss es nicht die Gemeindekirche sein. Geheiratet werden kann auch in einer kleinen Kapelle, einer Klosterkirche oder einem Dom Ihrer Wahl.

Da die evangelische Kirche die standesamtliche Vermählung anerkennt, ist die Trauung vor Gott einer Zeremonie ähnlich und nicht obligatorisch an einen heiligen Raum gebunden.

Den evangelischen Christen steht es grundsätzlich frei, den Ort ihrer Trauung zu wählen. Allerdings wird den meisten Pfarrern wohl der Kirchenraum zusagen, da es sich bei einer Trauung um einen Gottesdienst handelt. Sprechen Sie in jedem Fall mit Ihrer Gemeindepfarrei. Sie wird Ihnen helfen.

## MIT EINER INDIVIDUELLEN TRAUZEREMONIE

Wenn Sie im Rahmen einer freien Trauungszeremonie, zum Beispiel mit einem freien Theologen, Ihr Ja-Wort noch einmal bekräftigen möchten, sind Sie an keinerlei Vorgaben gebunden. Sie können Ihre Zeremonie zu einem sprichwörtlich einzigartigen Erlebnis werden lassen. Von der Musik und den Texten bis zum Gelöbnis und zum eigentlichen symbolischen Vermählungsakt und dem Trauspruch. Tauschen Sie Blumenkränze als Symbol Ihrer Verbundenheit, stecken Sie gemeinsam eine Kerze an oder lassen Sie Sand in ein Glas laufen. Völlig frei sind Sie auch in der Wahl des Ortes und der Uhrzeit. Heiraten Sie in Ihrem eigenen Garten, an einem Strand bei Sonnenuntergang, in einem alten Burgverlies um Mitternacht oder auf

einem Berggipfel bei aufgehender Sonne. Vielleicht haben Sie ein gemeinsames Hobby. Trauen Sie sich im Pferdestall oder im Stadion. In vielen Stadien ist übrigens auch eine

*Seit Kurzem können sich Verliebte auch in der Veltins Arena „Auf Schalke" das Ja-Wort geben.*

standesamtliche Hochzeit möglich, wie zum Beispiel in der Veltins Arena auf Schalke. Oder möchten Sie an dem Ort heiraten, an dem Sie sich kennengelernt haben? Der Fantasie sind keine Grenzen gesetzt.

## MIT DER PASSENDEN DEKORATION

Neben der inhaltlichen Ausgestaltung der Trauungszeremonie, dem zentralen Moment der Trauung, werden Sie Ihr Augenmerk auf die Dekoration des Trauortes richten. Ob Standesamt, Altar oder der Trautisch einer freien Zeremonie – hier findet das Wichtigste überhaupt statt: das Bekenntnis Ihrer gegenseitigen Liebe und Treue sowie Ihrer gegenseitigen Achtung und Verantwortung ein Leben lang.

Wie bei jeder Dekoration gilt auch hier: Erlaubt ist, was gefällt, solange die Gestaltung in sich stimmig ist und wie ein roter Faden durch die gesamte Hochzeitsdekoration lenkt.

Im Rathaus werden Sie wenig Möglichkeiten haben, eigene Ideen und Wünsche einzu-

*Das Brautpaar und die Hochzeitsgesellschaft vor der Kirche.*

*Schleifen und Blumen an den Kirchbänken sowie Blütenblätter auf dem Weg zum Altar runden das Ambiente ab.*

bringen. Lizenzierte Außenstellen hingegen bieten etwas mehr Freiraum. Schließen Sie den Bund fürs Leben in der Kirche, bieten sich der Altarraum, der Weg zum Altar sowie der Kirchenvorplatz für eine feierliche Gestaltung an. Sprechen Sie Ihre Dekorationswünsche mit dem Pfarrer oder Priester im Vorfeld ab. Nur wenige Priester haben Einwände, im Gegenteil, je festlicher, desto besser. Sollte der Schmuck von der Kirche gestellt oder übernommen werden, empfiehlt es sich allerdings, sämtliche Arrangements unmittelbar vor der Trauung zu prüfen. Sonst kann es Ihnen passieren, dass Sie neben Ihrer wunderschönen Dekoration Blumenschmuck vorfinden, der nicht in Ihr Konzept passt.

Wenn Sie es romantisch lieben, gestalten Sie Ihre Tische oder den Altar mit roten Rosen, Efeu, Filz, roten und weißen Kerzen. Als Eyecatcher dekorieren Sie ein Herz aus Steckmoos mit Rosen und Efeu. Befestigen Sie das Herz an einem Stock, und stellen Sie es auf. So wird auch der Hochzeitsgesellschaft ein zusätzlicher visueller Blickpunkt geboten. Vor dem Traualtar können Sie ein großes Herz aus kleinen Filzherzen oder Teelichtern dekorieren, das das Paar während der Trauung umgibt. Elegant wird es in den Farben Weiß, Creme und Gold. Drapieren Sie cremefarbenen Stoff auf beiden Seiten des Trautisches oder Altars bis zum Boden. Darüber läuft nach vorne hängend ein goldener Läufer. In unterschiedlich hohen Glasvasen arrangieren Sie Orchideen. Dezente klare Windlichter oder Gläser mit goldfarbenen Verzierungen schenken feines Licht. Im Altarraum können Sie Gestecke oder schöne Gefäße mit Sträußen Ihrer Wahl platzieren. Auch die Bankreihen sowie das Hauptportal können dekorativ und wirkungsvoll mit Blumen geschmückt werden. Traditionell wird die Braut von ihrem Vater zum Altar geführt. Dieser Brauch stammt aus einer Zeit, in der die Braut als Besitz des Vaters verstanden wurde. Mit der Geste des Geleits übergab der Vater seine Tochter in den Besitz des Bräutigams. Auch wenn diese Vorstellung längst überholt ist, wird diesem Brauch aus romantischen und sentimentalen Beweggründen noch immer gerne zugesprochen. Alternativ können beide Partner zusammen in die Kirche einziehen. Natürlich kann das Brautpaar auch vor dem Altar den Beginn der Feierlichkeiten erwarten. Anstelle des roten Teppichs auf dem Weg zum Altar entfalten Blütenblätter eine festliche Stimmung. Über den Pazifik aus den USA zu uns herübergeschwappt ist die Idee, einen ganz persönlichen Hochzeitsläufer anfertigen zu lassen. Wählen Sie als Motiv für den Läufer Ihre Lieblingsblumen, romantische Rosengewächse oder Ihre Initialen aus. Dekorieren Sie dazu passend die Kirchenbänke mit kleinen Gestecken und Schleifen. Frühlingshaften Charme versprühen Sie mit der Farbe Grün. Ein verwunschenes Flair schaffen Sie, wenn Sie passend zum Rosenläufer Rosenbäumchen in Terrakottatöpfen dekorieren und auf dem Altar Töpfchen mit Buschrosen arrangieren. Langstielige rote Rosen geben das gewisse Etwas. Aufwendig, aber ausgesprochen dekorativ sind an den Kirchenbänken installierte Bögen, beispielsweise mit Eukalyptus und hängenden weißen Rosen bestückt. Sie verleihen ein schönes Raumgefühl und werden Brautpaar wie Hochzeitsgesellschaft in ihren Bann ziehen. Dazu legen Sie einen weißen Läufer mit goldenen Verzierungen aus. Als Alternative zum Blumenmuster können Sie auch einen Teppich mit Symbolen oder Ihren Initialen anfertigen lassen. So schreiten Sie auf Ihrem ganz persönlichen Hochzeitsläufer zusammen ins Glück. Rechts und links des

Haupteingangs können Sie große Kübel, Glas- oder Zinkgefäße mit üppiger Blumenpracht aufstellen. Installieren Sie vor der Kirche Holzpfähle, an denen Sie wiederum mit farbigen Bändern geschmückte Strohkränze befestigen. Alternativ können Sie immergrünen Buchsbaum, Myrte, Lorbeer oder Eukalyptus verarbeiten.

*Franks Spezial-Tipp*

*Für katholische Gläubige, die ihr Gotteslob auf dem Weg zum Altar tragen wollen, empfehle ich einen komplett flachen Strauß aus Blüten, der auf dem Buch liegt. Popsängerin Gwen Stefani hat so ihren Liebsten Gavin Rossdale 2003 geheiratet.*

Unmittelbar nach der Trauungszeremonie ist der Moment gekommen, einen festlichen Rahmen für die ersten Glückwünsche zu schaffen. Statt des Reiswerfens, das in den meisten Gemeinden heute verboten ist, können Sie Blütenblätter streuen lassen. Oder besorgen Sie Konfetti, vielleicht sogar mit Ihren Namen bedruckt. Was in und vor der Kirche möglich ist, muss auf jeden Fall mit der Gemeinde und dem Pfarrer abgesprochen werden.

Ganz ausgefallen ist, wenn Sie Schmetterlinge fliegen lassen. Auf den hawaiianischen Inseln symbolisieren Schmetterlinge das Glück und erfüllen die Hoffnungen derjenigen, die sie fliegen lassen. Kaufen Sie die possierlichen Tierchen nur vom Züchter, und achten Sie auf artgerechte Haltung. Oder fol-

*Franks Tipp*

*Zur Not tun es auch künstliche Seidenblütenblätter, wenn echte Blumen nicht erlaubt sind. Und verteilen Sie die Blütenblätter ruhig großzügig an alle Gäste; es ist einfach ein traumhafter Empfang für das Brautpaar und sorgt für tolle Fotos.*

*Der Schmetterling – Symbol des Glücks.*

gen Sie altem Brauchtum und lassen Sie eine weiße Taube in die Lüfte steigen. Sie symbolisiert seit ewigen Zeiten das Leben und die Liebe, den Frieden und den Neuanfang. Die Geschichte der Taube beginnt vor 7000 Jahren, als die Babylonier zu Ehren der Göttin Ishtar die Vögel züchteten. Die griechische Liebesgöttin Aphrodite hat Tauben vor ihren Himmelswagen gespannt. In der Genesis bringt die weiße Taube mit dem Zweig eines Olivenbaums neues Leben. Seit dem 4. Jahrhundert ist für die Christen die weiße Taube offizielles Symbol für den Heiligen Geist. In vielen Kulturen ist der Vogel Symbol des Friedens. 1949 wurde die Friedenstaube von Pablo Picasso anlässlich des Pariser Weltfriedenskongresses entworfen. Erzählungen nach war er von der Geschichte Moses inspiriert worden.

## MIT IHREM GANZ PERSÖNLICHEN TRAUSPRUCH

Die eigentliche Trauungszeremonie, das Herz der Hochzeit überhaupt, ist mit einem Vermählungsspruch und bei einer christlichen Trauung mit dem Tausch der Ringe verbunden. Katholische Christen können zwischen drei Vermählungssprüchen wählen. Mutige sprechen ihren Spruch frei, andere lassen sich durch den Priester leiten. Auch die evangelische Trauungszeremonie wird durch einen Vermählungsspruch begleitet. Er wird von dem Paar selbst ausgewählt.

Darüber hinaus steht es den Brautleuen frei, ihre Trauung durch persönliche Worte zu erweitern. Vielleicht gibt es Dinge, die Sie vor der Hochzeitsgesellschaft aussprechen und bekräftigen möchten. Oder Sie haben einen gemeinsamen Spruch, der Ihre Gefühle füreinander besonderes gut zum Ausdruck bringt. Der Trauspruch kann der Leitgedanke für das gemeinsame Leben sein. Ein Sprichwort, eine Bibelstelle, ein Gedicht oder eigene Worte.

Ebenso lebt die freie Trauungszeremonie von persönlich gesagten oder ausgesuchten Worten, die das Paar füreinander spricht.

## Trausprüche

*Es ist die Liebe, sagt die Vernunft. Es ist lächerlich, sagt der Stolz. Es ist nichts als Schmerz, sagt die Angst. Es ist leichtsinnig, sagt die Vorsicht. Es ist unmöglich, sagt die Erfahrung. Es ist, was es ist, sagt die Liebe. (Erich Fried)*

*Liebe verhält sich nicht ungehörig, sie sucht nicht das Ihre, sie lässt sich nicht erbittern, sie rechnet das Böse nicht zu. (1 Korinther 13,5)*

*Alle eure Dinge lasst in der Liebe geschehen! (1 Korinther 16,14)*

*Ihr aber seid zur Freiheit berufen. Allein seht zu, dass ihr durch die Freiheit nicht dem Fleisch Raum gebt, sondern durch die Liebe diene einer dem anderen. (Galater 5,13)*

*Dass Güte und Treue einander begegnen, Gerechtigkeit und Friede sich küssen. (Psalm 85,11)*

*Lege mich wie ein Siegel auf dein Herz, wie ein Siegel auf deinen Arm. Denn Liebe ist stark wie der Tod und Leidenschaft unwiderstehlich wie das Totenreich. Ihre Glut ist feurig und eine Flamme des Herrn, so dass auch viele Wasser die Liebe nicht auslöschen und Ströme sie nicht ertränken. (Hoheslied 8, 6–7a)*

*Nun aber bleiben Glaube, Hoffnung, Liebe, diese drei; aber die Liebe ist die größte unter ihnen. (1 Korinther 13,13)*

*Alles hat seine Zeit, und alles Vorhaben unter dem Himmel hat seine Stunde: geboren werden hat seine Zeit, sterben hat seine Zeit; pflanzen hat seine Zeit, ausreißen, was gepflanzt ist, hat seine Zeit; töten hat seine Zeit, heilen hat seine Zeit; abbrechen hat seine Zeit, bauen hat seine Zeit; weinen hat seine Zeit, lachen hat seine Zeit; klagen hat seine Zeit, tanzen hat seine Zeit; Steine wegwerfen hat seine Zeit, Steine sammeln hat seine Zeit; herzen hat seine Zeit, aufhören zu herzen hat seine Zeit; suchen hat seine Zeit, verlieren hat seine Zeit; behalten hat seine Zeit, wegwerfen hat seine Zeit; zerreißen hat seine Zeit, zunähen hat seine Zeit; schweigen hat seine Zeit, reden hat seine Zeit; lieben hat seine Zeit, hassen hat seine Zeit; Streit hat seine Zeit, Friede hat seine Zeit. (Prediger 3,1–8 )*

## MIT DEN TRAURINGEN

Als Sinnbild für Treue und unendliche Liebe sind die Trauringe das wichtigste Element der Hochzeit. Heiraten Sie, wie und wo Sie wollen. Betont schlicht oder extravagant, traditionell oder modern, völlig ausgefallen oder auch ganz allein, nur Sie zwei. Gehen Sie in Jeans zum Standesamt und danach in die Pommesbude. Eines aber sollten Sie nicht vergessen: die Trauringe. Aufgrund ihrer Kreisform ohne Anfang und Ende sind sie das Symbol unendlicher Liebe und einziges sichtbares Zeichen der Verbundenheit. Der Ring gehört zu den Urformen des Schmucks. Bereits bei den Kelten findet man einen aus Gras geflochtenen Ring zur Vermählung. Ebenso bei den alten Ägyptern und Römern. Sie trugen ihn am vierten Finger der linken Hand, da von diesem Finger die Vena amo-

lichen Trauritus gehört der Austausch der gesegneten Ringe erst seit dem 13. Jahrhundert. Übrigens: In Südeuropa, in der Schweiz und in den USA wird der Trauring an der linken Hand getragen. In den nördlichen Ländern Europas sowie im deutschsprachigen Raum trägt man ihn rechts.

Der Ring ist nicht nur Symbol, er ist darüber hinaus auch ein Schmuckstück, mit dem Sie sich selbst darstellen und zum Ausdruck bringen. Achten Sie beim Kauf auf den Feingoldgehalt Ihrer Schmuckstücke, denn je höher der Gehalt, desto höher die Beständigkeit der Farbe, desto länger die Lebensdauer und desto besser die Trageeigenschaften. Die besten Eigenschaften haben Platinringe. Ob klassisch oder verspielt, elegant oder luxuriös, fantasievoll gemustert oder ganz individuell, ganz glatt und schlicht oder mit Stein.

*Die Trauringe –*
*Zeichen der unendlichen*
*Liebe der Vermählten.*

ris, die Liebesader, direkt zum Herzen führt. Lediglich die Gallier trugen ihren Ring am Mittelfinger. Auch die alten Germanen kannten den Ring als Pfand der Liebe. So gelobten sich Siegfried und Brunhild mit dem Ring ewige Treue. In der christlichen Kirche gilt der Ehering seit Papst Nikolaus I. (um 850) offiziell als Zeichen der Beständigkeit und ehelichen Bindung vor Gott. Fest zum christ-

In einem guten Fachgeschäft werden Sie mit Sicherheit den perfekten Ring für sich finden. Absoluter Klassiker unter den Steinen ist der Diamant, der König unter den Edelsteinen. Er steht für immerwährende Liebe und ist auch der härteste und damit langlebigste Stein.

Wenn Sie im Frühling heiraten, wählen Sie doch einen Aquamarin. Er ist das

Monatsjuwel des März und steht für eine glückliche Heirat. Der Stein des ewigen Frühlings ist der grüne Smaragd. Er festigt die Treue und erhält die Liebeskraft. Der Rubin ist der Stein für den Sommer; rot wie die Liebe vertreibt er Kummer und Streit. Im Herbst sind Sie gut beraten mit dem blauen Saphir. Er steht für die Treue und schützt vor Verlust der Tugend. Der Topas macht schön und fruchtbar, vertreibt Traurigkeit und Zorn. Zum Winter passt der Granat. Dieser Stein symbolisiert die Partnerschaft und die Treue. Die innere Ringschiene ist traditionell mit einer Inschrift versehen. In antiken römischen Ringen kann man die Inschrift „Pignus amoris habes" finden, was „Du hast meiner Liebe Pfand" bedeutet. In heutigen Eheringen sind meist der Name des Partners und das Datum des Versprechens zu lesen.

*Franks Extra-Tipp*

*Eine witzige Idee für unkonventionelle Individualisten: Den Fingerabdruck des Partners in den Ring stanzen. Oder eine eigenhändige Unterschrift. Oder ein Liebesgedicht als Miniaturtext. Personalize your Wedding!*

Gegenwärtig liegen Unisexringe im Trend, besetzt mit schwarzen Edelsteinen und mit eingraviertem Motto.

Während die Eheringe bei der standesamtlichen Hochzeit einen zeremoniellen Charakter haben, kommt ihnen in der christlichen Kirche eine sakrale Bedeutung zu. Die gesegneten Ringe sind unverzichtbarer Bestandteil der Trauungszeremonie und des Vermählungsspruchs „... trag diesen Ring als Zeichen der Liebe und Treue ...". Brautleuten, die sich mit einer individuellen Zeremonie die Liebe versprechen, steht es natürlich frei, ob sie Ringe als Zeichen ihrer Verbundenheit tauschen möchten. Vielleicht mögen

Sie lieber einen in Gold gefassten Haifischzahn oder die Symbole des Yin und Yang. Den wohl wertvollsten Ehering bekam Elizabeth Taylor von Richard Burton: einen 69-karätigen Diamantring von Cartier. Er wurde später in Taylor-Burton Diamond umbenannt. Anlässlich ihres Eheversprechens bekam Jackie von John F. Kennedy einen 2,88-karätigen Diamantring. Jahre später schenkte ihr der griechische Reeder Aristoteles Onassis einen 40-karätigen Verlobungsring. Er wurde für 2,35 Millionen Dollar versteigert.

In der Kirche findet die eigentliche Trauung nach der Homilie statt, d. h. im Anschluss an die Predigt. Die Ringe werden dann vor den Priester gebracht, die Gelegenheit also, trendige Ringstäbe oder ein dekoratives Ringkissen zu präsentieren. Ganz zeitlos ist die klassische Variante mit weißen Spitzen. Aber warum nicht einmal etwas anderes ausprobieren? Platzieren Sie die Ringe in einer großen Rosenblüte, auf Moos, auf einem Bett aus Blumen oder an Rosmarinzweigen. Wenn Sie das Meer lieben, arbeiten Sie mit einer großen Muschel. Wie wäre es mit einem genähten Ringkissen in Herzform, die eine Seite aus blickdichtem Samt, die andere aus transparenten Stoffen wie Gaze oder Tüll? Füllen Sie das Kissen mit duftenden Blumen oder Kräutern wie Rosenblüten, der Blume innigster Liebe, oder Lavendel, dem Kraut, das das Einverständnis der Liebe symbolisiert.

*Franks Spezial-Tipp*

*Schön ist auch ein kleines Nest aus Zweigen. Das Körbchen dann während der Zeremonie durch die Reihen gehen lassen: Dies bezeugt den Glauben an Gemeinschaft und symbolisiert, dass alle Anwesenden an der Eheschließung teilhaben. Eine himmlische Ringpräsentation für eine Frühlingshochzeit.*

# Statt Ringkissen

*Es muss nicht immer das klassische Ringkissen sein. Kleben Sie die Ringe doch mit einem speziellen Ring-kleber auf eine Seerose aus Kunststoff, wie rechts im Bild. Ein getrockneter Lavendelstrauß (links oben) oder würziger Rosmarin (links Mitte) sind herrlich duftende Ringhalter. Stilvoll trägt ein aufgeschlagenes Buch die Ringe (oben). Noch ausgefallener sind ein Bett aus Kaffeebohnen (unten rechts) oder etwa eine schwarze, brillantenbesetzte Plüsch-Spinne (unten links).*

# Edelsteine im Jahreslauf

| | |
|---|---|
| Januar: | Granat, Hyazinth |
| Februar: | Amethyst |
| März: | Jaspis |
| April: | Saphir |
| Mai: | Smaragd |
| Juni: | Achat |
| Juli: | Rubin, Onyx |
| August: | Sardonyx, Karneol |
| September: | Saphir, Chrysolith |
| Oktober: | Opal, Aquamarin |
| November: | Topas |
| Dezember: | Türkis, Rubin |

*Granat (links)*
*Aquamarin (unten)*

# Zehn prominente Hochzeiten

Grace Kelly und Fürst Rainier von Monaco (Bild rechts). Als am 19.04.1956 der Fürst des Zwergenstaates der Superlative die bürgerliche Hollywoodschönheit heiratete, wurde ein Traum für Millionen von Mädchen wahr.

Lady Diana Spencer und Prinz Charles feierten eine Märchenhochzeit und erreichten ungeahnte Zuschauerzahlen. Über 1 Million Gäste und Schaulustige drängelten sich in und um die St. Paul's Cathedral in London, als am 29.07.1981 der Prince of Wales eine Kindergärtnerin heiratete. Rund 750 Millionen Menschen verfolgten die Hochzeit weltweit an den Bildschirmen. Dianas Seiden-Schleppe war 8 Meter lang.

Nina Hagen und Iroquois. Eine spektakuläre, dreitägige Punkhochzeit feierten im August 1987 die damals 32-Jährige und ihr 16 Jahre jüngerer Freund auf der Baleareninsel Ibiza.

Céline Dion und René Angélil erneuerten ihr Eheversprechen 2001 in Las Vegas. Das Highlight: eine Céline als Kleopatra und perfekt dazu abgestimmt die Hochzeitsfeierlichkeiten im ägyptischen Stil inklusive Mietkamel.

Máxima und Prinz Willem-Alexander von Oranje. Das ganze Land erstrahlte in Orange, als sich am 02.02.2002 der niederländische Prinz und die Argentinierin das Ja-Wort gaben. Máximas Tränen bei der argentinischen Tangodarbietung rührten Millionen von Menschen.

Die Journalistin Letizia Ortiz und der spanische Kronprinz Felipe gaben sich am 22.05.2004 in der Madrider Almudena-Kathedrale das Ja-Wort. Ganz Spanien ist begeistert über die zukünftige spanische Königin.

Sarah Connor und Marc Terenzi gaben sich im August 2005 ein tränenreiches Ja-Wort an der Küste Spaniens. Die Hochzeit war live im Fernsehen zu sehen.

Pamela Anderson und Kid Rock. Die Baywatch-Nixe heiratete im Juli 2006 im Bikini auf einer mondänen Yacht in Saint Tropez.

Elton John und David Furnish gaben sich nach 12 Jahren Partnerschaft am 21.12.2006 das Ja-Wort. An diesem Tag wurde die homosexuelle Ehe in Großbritannien legalisiert.

Liz Hurley und Arun Nayar. Erst heiratete Liz ihren indischen Millionär am 02.03.2007 im Beisein des internationalen Jetsets in England. Dann ging es zu einem prunkvollen, sechstägigen Hochzeitsmarathon nach Indien.

Statt Reis (heute fast überall verboten)
werfen die Hochzeitsgäste hier fröhlich
Blütenblätter, als das frischvermählte
Paar aus der Kirche tritt.

# Ein Himmel voller Geigen

In welchem Rahmen Sie den Bund der Ehe auch eingehen möchten,
mit der musikalischen Gestaltung machen Sie die Trauungszeremonie und die Hochzeits-
festivitäten zu einem individuellen Erlebnis für sich und Ihre Gäste.
Ob in einer prunkvollen Kirche, in einem altehrwürdigen Standesamt, ganz romantisch
an Ihrem Lieblingsplatz oder exklusiv an einem traumhaften Ort – heutzutage haben
Sie großen Freiraum und viele Möglichkeiten, dem schönsten Tag in Ihrem Leben Ihre
ganz persönliche Note zu verleihen.

**Bild links:** *Gespannt lauschen auch die kleineren Gäste dem Musikensemble.*

Früher haben sich die Brautleute wenig Gedanken über die musikalische Gestaltung ihrer Trauungszeremonie gemacht. Die standesamtliche Trauung war reine Formsache, bei der auf jegliche musikalische Untermalung verzichtet wurde, und bei der anschließenden kirchlichen Vermählung hatte der Priester das Sagen. Heute aber dürfen in den meisten Fällen Sie entscheiden! Traditionell singt bei einer kirchlichen Trauung die Hochzeitsgesellschaft, begleitet von einem Orgelspieler Ihrer Wahl. Das gewisse Extra aber bringen Solisten. Warme Klarinettentöne, rockiges Saxophon oder ein erhabenes Geigenspiel sorgen für unvergessene Augenblicke. Laden Sie als besonderes Highlight einen klassischen Chor oder einen Solokünstler ein, der den bewegenden Moment Ihrer Vermählung in den schönsten musikalischen Farben erstrahlen lässt. Ein auf der Empore

*Die Kirchenorgel ist das traditionelle Musikinstrument bei der kirchlichen Trauung.*

gesungenes Ave Maria wird jede Hochzeitsgesellschaft begeistern und so manchen zu Tränen rühren. Eine beliebte Tradition aus den USA ist der Gospel-Chor, der rhythmische Spiritualität verbreitet. „Gospel" kommt aus dem englischsprachigen Raum und bedeutet

„Evangelium". Der Begriff bezeichnet die christliche afroamerikanische Musik des 20. und 21. Jahrhunderts. Der Wortbedeutung entsprechend besingt er vorwiegend Ereig-

*Vor allem Solisten, wie hier ein Klarinettenspieler, werden die Aufmerksamkeit der Hochzeitsgesellschaft auf sich ziehen.*

nisse des Evangeliums. Populäre Solisten und Gruppen des Gospels sind zum Beispiel Mahalia Jackson, Mary Knight, The Golden Gate Quartett, Spirit of Memphis. Typische Songs für den Gospel-Chor sind „Oh Happy Day" oder „Halleluja".

Ob nun Klassik oder Gospel a cappella, volltönende Instrumentalmusik oder mitreißender Chorgesang – lassen Sie Ihren Wunschsong im festlichen Raum ertönen, und schaffen Sie eine perfekte Umrahmung und den stimmungsvollen Höhepunkt, um zueinander Ja zu sagen. Die christliche Trauung wird gewöhnlich in Verbindung mit der Messe oder in Verbindung mit einem Wortgottesdienst gefeiert. Genug Gelegenheit, Ihre gegenseitige Liebe mit Ihrem ganz persönlichen Musikgeschmack zu betonen. Planen Sie Lieder zum Mitsingen, ist es ganz wichtig, dass die Gäste die Lieder kennen. Ansonsten kommt wenig Stimmung auf. Denken Sie daran, Lieder- und Texthefte vorzubereiten. Mit Ihrem schönen Trauspruch oder einem Grußwort sind sie eine schöne Erinnerung für die Gottesdienstbesu-

*Für Liebhaber der Klassik ist ein Streichorchester genau das Richtige.*

cher. Lieben Sie es klassisch? Dann spielen Sie zum Prelude, das heißt, bevor die Braut die Kirche betritt, den „Liebestraum" von Franz Liszt. Zum Einzug eignet sich der Hochzeitsmarsch von Felix Mendelssohn Bartholdy. Beliebt sind auch die „Ankunft der Königin von Saba" aus der Oper „Salomo" von Georg Friedrich Händel oder der Kanon in D-Dur von Johann Pachelbel. Nach der Segnung der Vermählten wird die gesamte Hochzeitsgesellschaft von den „Irischen Segenswünschen" ergriffen sein. Und der Sanctus wird mit dem „Heilig, Heilig, Heilig" von Franz Schubert zum wahren musikalischen Leckerbissen. Das Halleluja von Händel oder das Präludium in F-Dur von Johann Sebastian Bach bilden den perfekten Abschluss der Trauzeremonie und eine würdige Begleitung zum Auszug des frischgebackenen Ehepaares. Wer es weniger klassisch, sondern eher modern mag, dem steht ebenso eine Vielzahl von Songs zur Verfügung. Ent-

scheiden Sie selbst, was am besten zu Ihnen passt.

Ebenso wie die Trauung wird das Gelingen der anschließenden Hochzeitsfeier in entscheidendem Maße von der musikalischen Gestaltung beeinflusst. Was wäre eine Hochzeit ohne Musik und Tanz? Es ist Ihr großer Tag. Es ist die Nacht der Nächte! Bevorzugen Sie Live-Musik, Sound aus der Dose oder vielleicht einen Mix aus beidem? Die Klänge eines Solopianisten passen gut zum Sektempfang und Festmenü. Eine fetzige Coverband oder ein gut abgemischter DJ-Sound bringen Schwung in jede Feier. In jedem Fall sollten Sie den DJ und die Musiker kennen. Lassen Sie sich eine Kostprobe ihres Könnens geben. Beweisen Sie bei der Wahl der

*Dieses Paar liebt es fetzig und ausgelassen.*

Musik Fingerspitzengefühl, und denken Sie auch an den Geschmack Ihrer Gäste. Je nach Stimmung müssen die Musiker während des Festes in der Lage sein, die Musikrichtung zu wechseln. Wenn Sie Ihre Hochzeit unter ein

Motto gestellt haben, laden Sie eine dazu passende Live-Band ein. Oder lassen Sie Vinyl abspielen. Das passt zum Beispiel zur 1920er-Jahre-Hochzeit. Die erste Langspielplatte aus Vinyl kam 1948 auf den Markt.

Mit fachmännischen Ton- und Lichtverhältnissen schaffen Sie die perfekte Atmosphäre und locken auch den letzten Tanzmuffel aufs Parkett. Dieses wird übrigens mit dem traditionellen Hochzeitswalzer freigegeben.

Wie wäre es zu späterer Stunde mit einem flotten Foxtrott oder einem feurigen Flamenco? Nach jahrelanger Flaute erfreuen sich die Gesellschaftstänze wieder großer Beliebtheit. Sollten Sie die hohe Kunst des Paartanzes nicht beherrschen, besuchen Sie doch in der Vorbereitungszeit einen Tanzkurs. Es wird

Ihnen viel Spaß machen, und Sie werden einmal mehr im Mittelpunkt des Geschehens stehen!

*Franks Tipp*

*Viele Paare wählen mittlerweile auch ihr Lieblingslied für den Eröffnungstanz; es bestimmt dann auch den Tanzstil.*

*Hier ist die Etikette mittlerweile nicht mehr ganz so wesentlich. Am wichtigsten ist, dass Sie sich als Paar wohlfühlen, denn Sie stehen im Mittelpunkt und ganz allein auf der Tanzfläche.*

*Deshalb sollte der Brauttanz vor allen Dingen gut aussehen, und Sie sollten Freude daran haben.*

*Haben Sie also Mut zur Individualität, und vertrauen Sie auf Ihr Gefühl.*

**Bild oben und rechts:** *Der Hochzeitstanz ist der erste gemeinsame Tanz des Brautpaares in ein neues gemeinsames Leben. Ganz traditionell: der Eröffnungswalzer der Frischvermählten.*

# Vorschläge zur Trauungsmusik

### Klassische Trauungskompositionen

„Liebestraum" von Franz Liszt; „Hochzeitsmarsch" von Mendelssohn Bartholdy; „Ankunft der Königin von Saba" aus der Oper „Salomo" von Georg Friedrich Händel; Kanon in D-Dur von J. Pachelbel; Ave Maria von F. Schubert, J. S. Bach oder L. Cherubini; Halleluja von W. A. Mozart; Halleluja von G. F. Händel; Präludium in F-Dur von J. S. Bach; „Caro Mio Ben" von G. Giordani; „Ich liebe Dich" von L. van Beethoven; Hochzeitsmarsch von F. M. Bartholdy; Hochzeitsmarsch von R. Wagner; „Let the Bride Seraphim" von G. F. Händel; „Trumpet Tune" von H. Purcell; „Ich bete an die Macht der Liebe" von L. Bernstein; „Ich will dir mein Herz schenken" von J. S. Bach; „Non sa che sia dolore" von J. S. Bach; „Ich liebe dich" von E. Grieg.

### Moderne Songs

„Memory" von A. L. Webber; „Endless Love" von Lionel Richie; „How deep is your Love" von den Bee Gees; „Perhaps Love" von John Denver; „The Rose" von Amanda McBroom; „What a wonderful World" von Louis Armstrong; „When I fall in Love" von Victor Love; „I will always love you" von Whitney Houston; „Can't help falling in Love" und „Love me tender" von Elvis Presley; „Love me tender" von Céline Dion; „Yesterday" von den Beatles „All you need is Love" von den Beatles; „Stand by me" von Ben E. King; „When a Man loves a Woman" von Percy Sledge; „I do I do I do" von ABBA; „Gabriel's Oboe" von Ennio Morricone; „Nothing Fails" von Madonna; „I walk the Line" von Johnny Cash; „Into my Arms" von Nick Cave; „Something about us" von Daft Punk; „Publish my Love" von Rogue Wave; „Nearness of you" von Norah Jones; „Ebony and Ivory" von Paul McCartney; „The way you look tonight" von Frank Sinatra; „She's like the Wind" aus Dirty Dancing; „Kiss from a Rose" von Seal; „The Miracle of Love" von den Eurythmics; „My first, my last, my everything" von Barry White; „You're the one that I want" von John Travolta and Olivia Jones; „Then I kissed her" von den Beach Boys; „I'm your Man" von Leonard Cohen; „I believe" von Stevie Wonder; „Bed of Roses" von Bon Jovi; „One Hand, one Heart" von L. Bernstein; „One moment in Time" von Whitney Houston.

### Lieder aus dem Gotteslob

„Großer Gott, wir loben dich"; „Lobe den Herren"; „Nun saget Dank und lobt den Herren"; „Wer unterm Schutz des Höchsten steht"; „Solang es Menschen gibt auf Erden"; „Ich will dich lieben"; „Nun singe Lob, du Christenheit"; „Ein Danklied sei dem Herrn"; „Erde singe"; „Singt dem Herrn alle Völker und Rassen"; „Gottes Liebe ist wie die Sonne"; „Liebe ist nicht nur ein Wort"; „Segne du Maria"; „Maria, breit den Mantel aus".

### Gospels und Spirituals

„Amazing Grace"; „I will follow him"; „„Oh happy Day"; „Every Time I feel a Spirit"; „Oh, when the Saints"; „Swing low, sweet Chariot".

# Für den Leib und für die Seele

Essen hält Leib und Seele zusammen. Bereits die alten Römer machten sich
diese Weisheit zu eigen und hielten während der Hochzeitsfeierlichkeiten mehrstündige
opulente Gelage ab. Die Verschwendungssucht nahm solche Ausmaße an,
dass Kaiser Augustus per Gesetz die Ausgaben auf 100.000 Silbermünzen beschränkte.
Ganz so opulent soll das Mahl heute nicht mehr ausfallen. Edel und exklusiv, elegant und
delikat, chic und geschmackvoll – so ist das Catering einer Hochzeit heute.

*Bild links: Es muss nicht immer das am Tisch servierte Menü sein:*
*Braut und Bräutigam inspizieren das festliche Buffet.*

Den ersten Catering-Ratgeber schrieb übrigens ein römischer Autor namens Matius. Im 1. Jahrhundert verfasste er ein Buch über das Organisieren von Köchen, Kellnern und Lieferanten, also über das, was heute Partyservice oder Catering genannt wird.

Bevor Sie sich entscheiden, was Sie Ihren Gäste servieren möchten, sollten Sie einige Vorüberlegungen anstellen. Wann findet die Hochzeit statt? Reichen Sie im Sommer keine heißen Suppen oder deftigen Hauptgerichte. Leichte Kost wie Kaltschalen, Salate und Obst passen zu heißem Wetter. Im Winter dagegen findet eine heiße Kraftbrühe mit kreativer Einlage immer Freunde. Bedenken Sie bei Ihrer Menüplanung nicht nur die Anzahl, sondern auch die Zusammensetzung der Hochzeitsgesellschaft, ihre Vorlieben und Eigenschaften. Sind viele hungrige Herren unter den Anwesenden? Ein Buffet sollte in keinem Fall geplündert aussehen. Das macht keinen guten Eindruck, und darbende Gäste eignen sich nur bedingt für fröhliche Feierlichkeiten. Andererseits sollten große Restmengen allein schon aus moralischen Gründen vermieden werden. Haben Sie viele Senioren und Kinder, Vegetarier oder Veganer unter den Gästen? Müssen viele verschiedene Geschmäcker bedient werden, lassen Sie Ihr Essensprogramm nicht zu abenteuerlich ausfallen.

Überlegen Sie, ob Sie ein Buffet oder ein Menü mit Service wünschen. Ein Buffet schafft eine lockere Atmosphäre, verursacht aber auch rege Rennerei. Ein Menü hingegen fesselt die Gäste für längere Zeit an ihren Platz. Dafür ist es feierlicher und eleganter.

Zu guter Letzt sollten Sie auch das Outfit des Service-Personals nicht außer Acht lassen. Was soll ein Cocktail-Mixer im Frack

*Viele kleine Häppchen, Tapas und Fingerfood ermöglichen den Gästen, von allem etwas zu probieren.*

auf einer lockeren Strandhochzeit? Wie würde Ihnen ein Commis in Jeans auf Ihrer Luxushochzeit gefallen?

Für Ihr Catering werden Sie einen großen Teil Ihres Hochzeitsbudgets aufwenden. Ein Buffet ist im Allgemeinen kostengünstiger als ein Menü, das hängt aber entscheidend von den gewählten Speisen und dem Umfang ab. Mit Unterstützung Ihrer Verwandten und Freunde können Sie natürlich auch selbst ein Buffet herstellen. Das bietet sich besonders an, wenn Sie beispielsweise zu einem Hochzeitsbrunch einladen. So kommen Sie gar nicht in die Verlegenheit, ein aufwendiges Diner planen zu müssen. Ebenso können Sie die Getränkeauswahl beschränken. Reichen Sie neben Softdrinks, Sekt, Wein und Bier einfache Cocktails mit erschwinglichen Zutaten. Stimmen Sie die Auswahl auf eventuelle Themen ab.

*Franks Spezial-Tipp*

*Der Trend geht weg vom opulenten Mahl und hin zu einer exquisiten Auswahl kleiner und feiner Gerichte, die in 6–8 Gängen gebracht werden, z. B. Flying Buffets, Fingerfood, Tapas, kleine Teller mit Kostproben-Portionen. Das Mahl wird so zur Show, Ihre Gäste werden permanent unterhalten, und Langeweile kommt so nicht auf.*

## DER SEKTEMPFANG

Es gibt wohl kaum ein Getränk, das besser zu großen Anlässen getrunken und mit dem besser auf eine glückliche Zukunft angestoßen werden kann als den Champagner. „Ich trinke Sterne", soll der Benediktinermönch Dom Pérignon, im 17. Jahrhundert Kellermeister der Benediktinerabtei Hautvillers, ausgerufen haben, als er seinen gekelterten Schaumwein kostete. Tatsächlich ist Dom Pérignon wesentlich an der Weiterentwicklung der Flaschengärung beteiligt.

Der Sektempfang findet traditionell nach der Trauung oder zu Beginn der Feierlichkeiten statt. Entgegen der allgemein üblichen

*Der Sektempfang gehört traditionell zur Hochzeit, um auf das junge Ehepaar anzustoßen.*

Tradition, dass der Gastgeber den Toast ausspricht, übernimmt auf Hochzeiten nach altem Brauchtum der Brautvater diese Aufgabe. Neben Champagner, Sekt oder Prosecco sollten das obligatorische Bier, Softdrinks und frisches Wasser bereitstehen. Statt Orangensaft bieten Sie Ihren Gästen doch selbsthergestellten Holunderblütensaft zum Mischen an. Bunte Fruchtcocktails runden das Angebot ab. Sie können die Getränke servieren lassen oder eine interaktive Bar für Ihre Gäste installieren, an der die Drinks selbst gemixt werden. Stellen Sie zusätzlich als Eyecatcher eine Sektpyramide auf. Ganz hipp und absoluter Trend ist das Servieren von Sekt und Prosecco in Dosen, geschmückt mit extravaganten Strohhalmen.

Servieren Sie zu den Getränken kleine Häppchen. Sie können selbstverständlich darauf verzichten, wenn das Festmenü zeitnah auf den Empfang folgt. Als Snack bietet sich allerlei Fingerfood in unterschiedlichsten Ausführungen an. Eine preiswerte Alternative sind Mini-Pizzas, Hot Dogs, kleine Hackbällchen, Rohkoststicks mit Dip oder Pumpernickel mit Schinken oder Käse.

# Cocktails

Neben Sekt, Champagner & Co. kommen auch
gemixte Drinks bei den Hochzeitsgästen gut an.
Ob mit oder ohne Alkohol, leckere Cocktails finden
garantiert ihre Abnehmer.

*Ananas Smoothie*

*Piña Colada in einer Kokosnusshälfte*

*Rhabarber-Erdbeer-Drink (links) Helenennektar (rechts)*

# DAS MENÜ

Ob Buffet oder Bankett, es gibt unendlich viele Möglichkeiten, Ihr Hochzeitsmenü zu gestalten und in den richtigen Rahmen zu setzen. Wenn Ihr Partner seine Wurzeln im Ausland hat, können Sie Spezialitäten aus seiner Heimat reichen. Heiraten Sie unter einem bestimmten Motto, sollte sich dies auch im Essen widerspiegeln. Auf einer Hochzeit im Asia-Style servieren Sie diverse leckere Currys. Bei einer Underwater-Wedding reichen Sie allerlei aus dem Meer, vom Hering über Tintenfisch bis zu Vongole und Scampi. Mexikanische Atmosphäre verbrei-

*Schön gestaltete Menükarten sind für die Gäste ein nützliches Souvenir.*

ten Sie mit Enchiladas, Guacamole und feurigen Tacos. Kreieren Sie für Ihre Gäste Themen-Menüs wie ein italienisches Menü mit Pasta, Pizza und Panettone. Vielleicht bevorzugen Sie aber auch ein Buffet à la French Farmers' Market mit viel frischem Gemüse, Käse und Crêpes. Der Deli-Style kommt mit Pastrami-Sandwiches, Chips und Cookies. Eine Fondueauswahl bietet sich für eine Herbst- oder Winter-Hochzeit an. Entscheiden Sie ganz nach Gusto zwischen Fleisch-Fondue – der sogenannten Bourguignonne –, einem chinesischen Fondue mit Brühe, Fleisch und Gemüse oder einem Käsefondue.

Im Sommer werden sich die Gäste auch über ein Barbecue freuen. Oder machen Sie aus Ihrem Hochzeitsessen einen richtigen Live-Act, indem Sie Ihre Gäste die Zutaten selbst aussuchen und diese von Köchen live zubereiten lassen.

*Franks Spezial-Tipp* ——————

*Essbare Blüten sind eine Bereicherung für jeden Salat, und Gerichte bekommen durch die Dekorationen den entscheidenden Pfiff. Blumen unter kaltem Wasser abwaschen, abtupfen; Stempel, Staubblätter und Grünteile entfernen. Manche Blumen wie Gänseblümchen oder Veilchen können ganz verzehrt werden.*

——————

Haben Sie sich für ein Menü entschieden, ist die Vorspeise der erste Eindruck, den die Gäste von Ihrem Hochzeitsmahl bekommen. Begeistern Sie mit ausgewählten Köstlichkeiten. Groß dürfen die Portionen nicht sein, denn es handelt sich um den Auftakt, und Ihre Gäste sollen sich nicht satt essen. Können Sie es sich leisten, servieren Sie einen

*Kleine Vorspeisen machen Appetit auf den Hauptgang des Hochzeitsmenüs.*

Cocktail aus Meeresfrüchten oder sogar Austern. Damit machen Sie garantiert Eindruck, und Ihre Gäste haben noch genug Platz für das Hauptgericht. Allerdings werden Sie den einen oder anderen Gast haben, der sich mit dieser Art der Vorspeise gar nicht anfreunden kann. Mit einem variationsreichen Antipasti-Teller sind Sie bei Ihren Gästen auf der sicheren Seite. Ob gefüllte Weinblätter, diverse Salamisorten, Carpaccio, gegrilltes Gemüse wie Auberginen, Tomaten und Zucchini, eingelegte Köstlichkeiten vom Fisch oder Zubereitungen mit Käse wie gebackener Ziegenkäse. Eine weitere Möglichkeit, den Geschmack Ihrer Gäste zu treffen, haben Sie mit Canapés. Achten Sie auf eine ausgewoge-

*Vor allem außergewöhnliche Kompositionen bringen Exklusivität in das Menü.*

ne Mischung aus Fleisch-, Fisch- und Gemüsevariationen. Lassen Sie Ihrer Fantasie freien Lauf, und kreieren Sie Pilztörtchen, Brioches mit Shrimps oder kleine Melonenstückchen mit Parmaschinken. Vergessen Sie bei all Ihrem Einfallsreichtum nicht, dass die typische Eigenschaft von Canapés ihre mundgerechte Größe ist. Feiern Sie unter freiem Himmel, sind kleine Spieße mit verschiedenen Fleisch- und Gemüsesorten vom Grill ein schöner Auftakt zum Festmahl. Im Winter werden sich Ihre Gäste über eine wärmende Suppe, serviert in einer Espressotasse, freuen.

Für welche Vorspeise Sie sich auch entscheiden, der Brotkorb sollte immer dabei

sein. Bieten Sie Vollkorn-, Grau, Weiß- und Mischbrot an. Mischen Sie kleine Brötchen, Ciabatta und Fladenbrote. Servieren Sie Brot mit Walnüssen, Oliven, Sonnenblumenkernen oder Zwiebeln. Dazu können Sie verschiedene Dips, Saucen und Öle anbieten.

*Franks Spezial-Tipp*

*Eine gute Idee ist es, wenn Sie große Brotskulpturen als Center-Pieces für die Tische backen lassen, zum Beispiel in Form eines Baumes. Jeder Gast kann sich Brotstücke abbrechen. Bieten Sie ausgefallene Dips dazu an, wie Himbeer-Chili-Dip, scharfe Honig-Karamell-Sauce oder Feigen-Senf-Marmelade.*

Während heute die einen gern auf das Dessert verzichten und direkt nach der Hauptmahlzeit einen die Verdauung fördernden Brand oder Likör bevorzugen, ist für die anderen ein Menü ohne Nachtisch unvor-

*Für den süßen Gaumen ist solch ein Dessert eine wahre Freude.*

stellbar. Schon im Altertum kannte man das Dessert. Die Römer reichten nach ihrer Mittagsmahlzeit, dem sogenannten *cena*, Obst, Kompott und Käse. Im Mittelalter ging man

*Der beliebte Schokobrunnen versüßt den Gästen garantiert den Abend.*

unterschiedlichsten Variationen an wie Mini-Donuts oder diverse Puddingcremes und Eis in kleinen Gläsern. Eine besondere Dessert-idee ist das Schokoladenfondue mit diversen Früchten und verschiedenen Sorten der süßen Leidenschaft. Ein optisches Highlight schaffen Sie mit einem Schokoladenbrunnen, in den Ihre Gäste Früchte und Windbeutel am Spieß tauchen. Alternativ zur Schokolade machen sich Kuvertüren aus Karamell oder frisch gepressten Obstsorten wie Limetten gut.

Der absolute Hype ist eine orientalische Wasserpfeife, die sogenannte Shisha. Ausge-

*Franks Spezial-Tipp*

*Ich habe einmal für eine Hochzeit eine extravagante Eisskulptur in Form eines Schwans anfertigen lassen, die als besondere, kühlende Schale für das Dessert diente. Der Schwan ist ein romantisches Hochzeitssymbol, denn er steht für Reinheit und Treue, da Schwäne ein Leben lang als Paar zusammenbleiben. Um bei der Symbolik zu bleiben, habe ich klassische rote Grütze als Eye-Catcher empfohlen, denn Rot steht nun einmal für die Liebe.*

der Einfachheit halber zu Käse und Süßigkeiten über. Die grobschlächtige Art des Mittelalters fand in der Renaissance ein Ende. Köche, die die Kunst der Dessertherstellung beherrschten, standen in hoher Gunst. Erinnern Sie sich vielleicht an die 1970er Jahre? Die Lieblingsdesserts der Deutschen waren Heiß auf Eis und Herrencreme. Diese Nachtischvariationen werden zwar immer noch gern genossen, gefragt sind heute aber ein Mehr an Geschmack für den Gaumen und an Kreativität für das Auge. Richten Sie frische Obstsorten auf schönen Etageren an. Servieren Sie Liebesäpfel mit diversen Füllungen. Kitzeln Sie die Geschmacksnerven Ihrer Gäste, und bieten Sie Miniaturdesserts in

fallene Geschmacksrichtungen wie Zimt, Cappuccino oder Obstaromen wie Apfel oder Orange werden auch die letzten Zweifler in ihren Bann ziehen. Oder wie wäre es, wenn Sie einen Original-Eiswagen vorfahren lassen? Bereits Nero genoss Eis in Form von Schnee mit Fruchtsaft gemischt und mit Honig gesüßt zum Dessert. Die Vorläufer des Milchspeiseeises wurden in Zentralasien im 16. Jahrhundert erfunden. Das Speiseeis, wie wir es heute genießen, entwickelten im 17. Jahrhundert die Franzosen. Erster bekannter Eismacher war ein Koch am englischen Königshof unter Charles I. Ein Sizilianer namens Procopio Cultelli eröffnete 1660 den ersten Eissalon, und zwar in Paris. Zusätzlich zu all den berauschend süßen Verführungen können Sie eine herzhafte Käsetorte servieren.

Nimmt die Braut zu Mitternacht ihren Schleier ab, ist sie bereit für den Eintritt in

*Franks Spezial-Tipp* ——————

*Lassen Sie bei Ihrer Hochzeitsfeier ein Candygirl Süßigkeiten im Bauchladen servieren – eine schöne Alternative zum klassischen Dessert. Das hat nicht nur einen kleinen Showeffekt, toll ist auch, dass das Buffet sozusagen zum Gast kommt und nicht umgekehrt.*

ihr neues Leben. Der erste Tag der Ehe bricht an. Nicht nur eine Gelegenheit, mit Ihren Gästen noch einmal anzustoßen und auf das gemeinsame Glück zu trinken, sondern ebenso der Zeitpunkt, der Hochzeitsgesellschaft einen kleinen Snack zu servieren.

Wenn Sie es klassisch halten wollen, bieten Sie eine Mitternachtssuppe an. Additiv zur Hochzeitstorte reichen Sie diverse Kuchen, Käse und Kompott. Aber warum nicht einmal etwas anderes als Suppe? Warum nicht Fingerfood oder Petit Fours? Oder ganz einfach eine deftige Currywurst. Erlaubt ist, was schmeckt!

## DIE GETRÄNKE

Stimmen Sie nicht nur Ihr Menü, sondern auch Ihre Getränke auf das Thema und Motto Ihrer Hochzeit ab. Zu einer mexikanischen Hochzeit gehört ein Mescal, auf einer Wasserhochzeit würde sich Blue Curaçao gut machen. Auf einer Hochzeit, bei der Sport das Thema ist, kommen Energydrinks als Softdrinks gut an. Servieren Sie auf einer Schoko-Wedding Lumumba in abgewandelter Form, und geben Sie Kakaopulver in die Milch. Bei einer Hochzeit nach italienischem Stil bieten sich diverse Kaffeevariationen an, wie der echte italienische Caffè, Latte

Macchiato, Cappuccino und Espresso corretto mit einem Schuss Grappa. Übrigens hat der Cappuccino seine Wurzeln nicht in Italien, sondern in Österreich. Soldaten importierten den österreichischen Kapuziner Ende des 19. Jahrhunderts nach Norditalien. Die Italiener mochten die Kaffeevariante jedoch lieber mit aufgeschäumter Milch statt mit Sahne und erfanden damit den Cappuccino.

*Der Cappuccino schmeckt nicht nur lecker, sondern macht auch zu später Stunde wieder munter.*

Zum Apéritif eignen sich neben Sekt, Wein und dem kleinen Bier sogenannte Before-Dinner-Cocktails und diverse Spirituosen. Traditionell dient der alkoholhaltige Apéritif der Öffnung des Magens und der Anregung des Appetits. Ein Klassiker unter den Apéritifs ist der in Südfrankreich beliebte Pastis. Sizilianer bevorzugen Marsala oder

*Beliebte Apéritifs*

*Beliebte und verbreitete Apéritifs sind neben Champagner, Sekt und Prosecco der Sherry, Dubonnet, Martini, Campari, Aperol, Cynar, Picon, Raki, Pastis, Ouzo, Suze, Lillet, Pommeau.*

Cynar. Im Burgund trinkt man Kir, aus Spanien stammt der Sherry. Die Griechen lieben ihren Ouzo. Als alkoholfreie Apéritifs bieten sich Fruchtbowlen und frische Säfte an.

Die Wahl der Apéritifs, die Sie Ihren Gästen reichen, sollte selbstverständlich auf das Menü abgestimmt sein. Ein Apéritif auf Eis passt ebenso wenig vor der heißen Suppe wie ein Ouzo vor Sushi.

## Beliebte Digestifs

*Beliebt sind allerlei Wein- und Tresterbrände wie Cognac, Armagnac und Grappa, Obstbrände wie Calvados, Dalmassine, Mirabellenbrand oder hausgemachte Aufgesetzte. Eine sehr geschätzte heimische Frucht für Aufgesetzten ist die Schlehe. Klare Spirituosen wie Korn und Linie-Aquavit sind ebenso populär wie Kräuterbitter und Amari, beispielsweise Ramazotti, Averna, Fernet, Jägermeister und Underberg.*

Jeder den kulinarischen Genüssen zugeneigte Gast liebt einen Digestif zum Abschluss eines köstlichen Mahls. Neben trendigen Shortdrinks oder After-Dinner-Cocktails eignen sich diverse Spirituosen, im Volksmund „Verdauungsschnäpse" genannt. Einer davon, der berühmte Linie-Aquavit, hat eine besonders interessante Entstehungsgeschichte: Die Besatzung eines norwegischen Seglers versäumte auf ihrer Reise nach Australien, ein Fass mit Aquavit zu leeren. Im norwegischen Heimathafen stellte der Kapitän dann fest, dass dieser Aquavit viel geschmackvoller war als der normale, und machte das zweimalige

Überqueren des Äquators dafür verantwortlich. So startete in der 1920er Jahren die norwegische Destillerie Loiten in Zusammenarbeit mit der Reederei Wilhelmsen eine intensive Produktion, indem sie ein Schiff beladen mit Eichenfässern voll herkömmlichen Aquavits nach Australien und zurück auf die Reise schickten. Noch heute wird der Linie-Aquavit in dieser Form hergestellt.

## DIE HOCHZEITSTORTE

Sie ist das Herzstück aller kulinarischen Darbietungen eines Hochzeitsfestes. Sie ist eine der ältesten Traditionen und steckt nicht nur sinnbildlich voller Symbolkraft. Überlieferungen nach stammt die Hochzeitstorte von einer Art Kuchen ab, den bereits die alten Römer zum Anlass einer Trauung verzehrten. Auch die Ägypter verspeisten bei großen Feierlichkeiten süßen Kuchen.

Früher wurden auch einfach die von den Gästen mitgebrachten Kuchen aufgestapelt, wodurch es zu der „Turm- oder Etagenform" kam.

Das Wort „Torte" gibt es erst seit dem 15. Jahrhundert, und die heutige Form der Hochzeitstorte, bestehend aus mehreren Etagen und reich verziert, ist einem verliebten Londoner Bäckergesellen zu verdanken, der die Tochter des Meisters liebte. Seiner Liebe gab er Ausdruck in einer fünfstöckigen Torte, inspiriert durch die Türme der St. Bridge Church. Die bisher größte Hochzeitstorte der Welt wog 2419 Kilogramm. Sie wurde im Juni 2003 in den Universal Studios in Florida zur Premiere des Trickfilms Shrek präsentiert. Die fünf Etagen der klassischen Hochzeitstorte symbolisieren bedeutende Stationen im Leben eines Menschen: die Geburt, die Kommunion oder Konfirmation, die Heirat, die Geburt der Kinder und den Tod.

Mandeln sind eine Zutat, die nach altem Brauchtum unverzichtbar ist, denn sie symbolisieren Fruchtbarkeit und Eheglück. Ebenso werden in manchen Regionen traditionell zwei Kaffeebohnen eingebacken, eine geröstete und ein ungeröstete. Wer die ungeröstete Bohne erwischt, bleibt ledig, der Finder der gerösteten Bohne wird mit baldiger Vermählung belohnt. Überzogen wird die Torte mit einer rosafarbenen und weißen Marzipanmasse, hergestellt aus Rosenwasser, Zucker und Mandeln. Den krönenden Abschluss bildet klassischerweise ein Brautpaar aus Zuckerguss, Marzipan, Schokolade, Kunststoff oder auch Porzellan.

Mutter, Oma, Patentante, Freunde oder ein Konditor – es ist völlig egal, wer die Hochzeitstorte herstellt. Niemals aber darf die Braut selbst in die heimische Küche – das bringt großes Unglück!

Anstelle der klassischen Hochzeitstorte mit Creme und Marzipan können Sie eine Torte mit Schokolade, Obst und Goldüberzug servieren. Vielleicht würde Ihnen auch eine Torte mit bunter Kuvertüre zusagen. Moderne Variationen sind kegelförmige Backwerke beispielsweise mit Schmetterlingsdeko oder Etageren mit kleinen Törtchen unterschiedlicher Geschmacksrichtungen. Mit Motivtorten bringen Sie gemeinsame Vorlieben, Wünschen und Hoffnungen zum Ausdruck. Ihr Konditor wird Ihnen eine Hochzeitstorte in jeder nur erdenklichen Form herstellen können. Ob Kutsche oder Kinderwagen, Hufeisen oder Herz, Schatztruhe oder Schwan.

Ihrer Kreativität freien Lauf lassen können Sie bei der Gestaltung von Cake-Toppers. Ob ein Paar beim Tanz oder in der Umarmung, eine symbolträchtige Frucht oder Blume, ein Tier oder Herz. Sie werden die passende Form Ihrer Verbundenheit finden.

Von dem Brautpaar gemeinsam angeschnitten wird das Backwerk traditionell kurz vor Mitternacht; es gehört zu den Höhepunkten der Feierlichkeiten. Derjenige, der beim Anschneiden die Hand oben hat, wird in der Ehe das Sagen haben. Das festlich geschmückte Messer sollte sich das Paar selbst nehmen. Denn wird es überreicht, bricht Unglück über die Eheleute herein. Unglück bringt auch das Essen der obersten Tortenetage. Aus diesem Grund wird sie abgenommen und bis zum ersten Hochzeitstag eingefroren. Achten Sie also auf haltbare Zutaten in Ihrem Prunkstück. Küssen Sie sich über der Torte, wird Ihnen reicher Kindersegen versprochen. Allerdings darf dabei die Torte nicht berührt werden. Dem gemeinsamen Glück förderlich ist, wenn Sie sich gegenseitig ein Stück der Torte verabreichen. Und wenn schließlich die süße Pracht verzehrt ist, alle Hochzeitsgäste ein Stück genossen haben, dann entfaltet sich rituelle, segensreiche und glückbringende Kraft.

*Der traditionelle Anschnitt der Hochzeitstorte – nicht nur für das Brautpaar ein Highlight.*

# Klassische Hochzeitstorten

Die Torten entstehen aus köstlichen Füllungen wie leichte Weißwein-Zitronencreme
oder sündige Schokoladentrüffel und individuellen Dekorationen aus speziellen
Zuckermassen, die die Torten noch lange frisch halten.

*Franks Hochzeitstorte für*
*Sarah Connor und Marc Terenzi*

Die Hochzeitstorte war 1,50 Meter hoch.
Jedes der fünf Stockwerke hatte eine andere
Füllung: Chocolate, Chocolate-Orange,
White Chocolate, Erdbeer, Chocolate-Lemon.

Auf der Torte saßen auf einem blauen See
(Zuckergussspiegel) drei weiße Schokoladen-
Schwäne (zwei große, ein kleiner) für die
drei Connors Sarah, Marc und Sohn Tyler.
Alle drei Schwäne trugen Silberketten mit
den Initial-Anhängern „S", „M" und „T"
aus Swarovski-Kristallen. Die Torte war
verziert mit weißen Rosen und Kristall-
herzen von Swarovski. Jeder Gast, der ein
solches Herzchen bekam, durfte es als
Erinnerung behalten. Der Konditor:
Traditionsbäcker Escriba in Barcelona.
Kosten: ca. 4.000 Euro.

# Extravagante Hochzeitstorten

Schwarze und weiße Schokoladen-Torte. Um diese glatten Oberflächen zu erhalten, wurde extradunkle Schokolade noch mit Glasur überzogen. Oben ein Pfefferminzblatt und eine essbare Rosenblüte, die in dunkle Schokolade getaucht wurde. Auf der weißen Schicht wurde Hagelzucker verstreut. Der Look ist clean und modern, er passt gut zu der Black-and-White-Hochzeit.

Dreistöckige, quadratische Torte im Inka-Stil, clean und modern. Terrassenförmig. Die Rosenblätter sind essbar und bieten mit ihrem kräftigen Rot einen farblichen Kontrast zur hellen Torte. Unter dem majestätischen Modell-Hirsch befinden sich silberne Zuckerperlen.

# Something old, something new ...

Sobald Sie Ihren Eltern, Verwandten und Freunden mitteilen,
dass Sie sich trauen und den Bund der Ehe schließen werden, wird Ihre Umwelt
in helle Aufregung verfallen. Nichts ist so bewegend wie zwei Menschen,
die Ja zueinander sagen. Nichts ist schöner als eine glanzvolle Hochzeit.
In Ihrem Freundeskreis wird von nun an gemurmelt, gewispert und getuschelt.
Jeder möchte dazu beitragen, dass Ihre Hochzeit zum Höhepunkt des Jahres wird.
Und dazu gibt es ausreichend Gelegenheit.

*Bild links: Beim Weg aus der Kirche müssen erst einmal Hürden überwunden werden –
einer der zahlreichen Bräuche zur Hochzeit.*

Kaum ein Fest ist mit so viel althergebrachtem Brauchtum verbunden wie die Vermählung zweier Menschen. Die Vorbereitungen, der eigentliche Hochzeitstag sowie die gemeinsamen Ehejahre sind gespickt mit einer Vielzahl von Bräuchen. Sie alle stehen für Glück, Liebe und Verbundenheit, Beständigkeit und Treue, das gemeinsame Überwinden von Schwierigkeiten und Schicksalsschlägen sowie für eine segens- und kinderreiche Zukunft. Ein sehr beliebter Hochzeitsbrauch ist zum Beispiel, die Braut über die Schwelle zu tragen. Denn auf der Schwelle zum gemeinsamen Heim lauern böse Geister und missgönnen der jungen Frau das Glück. Damit sie mit diesen bösen Mächten nicht in Berührung kommt, trägt der Bräutigam sie über die Schwelle ins Heim. Dieser Brauch ist ausgesprochen romantisch und auch heute

sehr beliebt. Sie werden es sich nicht nehmen lassen, ihn in die Tat umzusetzen. Haben Sie Ihr trautes Heim betreten, können Sie sich jedoch nicht ungehindert Ihrem jungen Eheglück widmen. Wahrscheinlich stehen Sie im Dunklen, denn alle Sicherungen und Glühbirnen sind herausgedreht. Oder der Schlüssel zur Schlafzimmertür ist eingefroren. Bevor Sie ihn in der Gefriertruhe finden, haben Sie eine Menge Aufgaben zu lösen. Wenn Sie dann endlich im Bett liegen, das Sie zunächst von allerlei Krimskrams befreien mussten, werden Sie feststellen, dass unter der Matratze Erbsen liegen, die sich auf einen gesegneten Schlaf eher störend auswirken. Nachdem Ihre Nachtruhe in regelmäßigen Abständen von allerlei Weckergerassel und Vogelgezwitscher aus der Dose gestört wurde, werden Sie feststellen, dass sämtliche Gegenstände der

*Trägt der Bräutigam die Braut über die „Schwelle", hält er böse Geister von ihr ab.*

Wohnung umgeräumt oder versteckt sind. Ihre Frühstückseller finden Sie im Badezimmer, Ihre Wohlfühlsocken machen es sich im Topfschrank bequem, und der Rasierapparat liegt im Werkzeugkasten. Das Frühstück, das mit Salz im Kaffee und Zucker auf den Eiern nur halb so gut schmeckt, wird gestört von Schnäppchenjägern, die auf Ihr Inserat in der Lokalzeitung anrufen!

## VOR DER HOCHZEIT

Die Tradition des Junggesellenabschieds, der *stag night*, hat ihre Wurzeln in Großbritannien. Im feinsten Zwirn hatte der Bräutigam vor dem Brautvater zu erscheinen und dabei wenig zu lachen. Wurde er doch auf Herz und Nieren geprüft, ob er den Pflichten und Verantwortungen des Ehelebens gewachsen war. Heute erfreut sich der Junggesellenabschied in allen Ländern großer Beliebtheit, denn der Bräutigam nimmt im Kreis seiner Freunde und Kumpel mit einer feuchtfröhlichen Feier Abschied vom freien Junggesellendasein. War der Junggesellenabschied lange dem Manne vorbehalten, feiern heute Frauen und Männer gleichermaßen – aber jeder für sich! Das weibliche Gegenstück zur *stag night* heißt im englischsprachigen Raum *hen night*. Ob Braut oder Bräutigam, in jedem Fall nehmen Freunde nur zu gern die Gelegenheit wahr und locken die Heiratswilligen an einen den Protagonisten bis dahin oftmals unbekannten Ort, um in aller Ausgelassenheit so richtig einen draufzumachen. Aber es muss nicht immer die Diskothek oder Kneipe, der typische Besuch in einem Stripteaselokal oder die Ladies Night mit erotischem Männerballett sein. Unendlich sind die Möglichkeiten, und mit etwas Einfallsreichtum können Sie auch aus diesem Anlass etwas ganz Besonderes machen. Selbstverständlich hängt die Gestaltung dieses Tages vom allgemeinen Budget ab. Nicht jeder kann und möchte sich einen Wochenendtrip leisten oder ausschließlich edlen Champagner trinken. Sprechen Sie mit Ihren Freunden. Sie werden Ihre Ideen gern in die Tat umsetzen. Wie wäre es mit einem Pyjama- und Beautytag? Einfach chillen, kitschige Hochzeitsfilme und romantische Liebesschinken gucken, ab und zu eine Gesichtsmaske auflegen oder eine Massage von der Freundin genießen. Sekt und Knabbereien inklusive. Geeignete Filme sind zum Beispiel „Vier Hochzeiten und ein Todesfall", „Die Braut, die sich nicht traut", „Sissi" und „Drei Haselnüsse für Aschenbrödel". Jede Menge Spaß bringt auch ein Camping im Wald. Einfach Barbecue, Lieblingsmusik und Luftmatratze einpacken, und los geht's auf die nächste Lichtung! Wie würde Ihnen eine gesellige Tour durch die Weinberge gefallen? Vielleicht mögen Sie es sehr sportlich? Dann bietet sich Skydiving, Quad-Biking oder Golfen an. Organisieren Sie einen Proll-Abend mit Bier, Bowling und Billard. Oder nehmen Sie zusammen an einer Wein-Probe teil. Wenn das Budget und die Zeit es zulassen, jetten Sie zum Shoppen

*Franks Tipp*

*Der besondere Junggesellen/innen-Abschied: einmal Model sein. Ein Fotoshooting im Kreise der Freunde mit Musik und Drinks – das macht Spaß, und man hat ein besonderes Geschenk als kleine Überraschung für den Liebsten oder die Liebste.*

nach London, Mailand oder Barcelona. Oder unternehmen Sie einen Kurztrip nach Mallorca oder Ibiza.

Wer seine Hochzeit traditionell feiert, kommt um die Sitte des Polterns nicht herum. Seinen Ursprung findet der Polterabend vermutlich in vorchristlicher Zeit. Bei den alten Germanen sollten mit dem Werfen von Scherben böse Geister vertrieben werden. Vielleicht geht der Brauch auch auf heidnischen Glauben zurück. Auf Tonscherben wurden den Göttern Opfergaben dargebracht und im Anschluss daran zerbrochen. Bezeugt wird dieser Brauch erst seit dem 16. Jahrhundert. Normalerweise findet der Polterabend vor dem Haus der Brauteltern statt. Heute mietet man lieber Räumlichkeiten an, wie zum Beispiel ein Sportheim, ein Hotel oder eine Scheune. Der Termin des Abends wird per Mundpropaganda oder in einer lokalen Zeitung im Zusammenhang mit der Hochzeitsanzeige bekannt gegeben. Explizite Einladungen werden nicht ausgesprochen. Also eine schöne Gelegenheit, mit all denen zu feiern, die am eigentlichen Hochzeitsfest nicht teilnehmen. Vielleicht kommt ein alter Schulfreund vorbei, um Ihnen viel Glück zu wünschen. Oder Ihr Ex möchte mit Ihnen und Ihrem Partner ein Glas auf Ihre Zukunft trinken. Höhepunkt des Abends ist natürlich das Poltern selbst. Ihre Freunde und Bekannten werden Unmengen an Porzellan und Keramik dafür gesammelt haben: alte Teller, Tassen, Teekannen oder Toilettenschüsseln. Gerne werden auch Kronkorken

und Blechbüchsen verwendet. Der Gebrauch von Glas und Spiegeln verbietet sich von selbst. Zerbricht man diese, zerbricht das Glück! Bitten Sie Ihre Freunde auch, auf Styroporkügelchen, Biermanschetten und Coaster zu verzichten. Diese lassen sich extrem schlecht aufkehren. Und diese Aufgabe obliegt natürlich Ihnen. Das Poltern symbolisiert, dass Sie auf Ihrem gemeinsamen Lebensweg auch schwierige Lebenslagen meistern werden.

*Franks Extra-Tipp*

*Sie haben sich alles so nett ausgedacht. Ihre Polter-Gäste bringen reichlich Wurfware mit, und auf dem dafür vorgesehenen Platz fliegen die Scherben. Sie räumen anschließend ein bisschen auf, um sich dann dem ausgelassenen Feiern zu widmen. Weit gefehlt! Die Gäste werfen, wo und wie sie wollen, Ihr rotweißes Baustellenband, mit dem Sie in so weiser Voraussicht den Wurfbereich eingegrenzt haben, wird von keinem so richtig beachtet. Versuchen Sie es mal auf nette, zwanglose Art. Ein paar Ballons mit Ballongas auffüllen, eine Schnur daranbinden und mit Hilfe von Heringen oder größeren Kieseln fixieren.*
*Extravagant ist auch eine eigens angefertigte Polterecke im passenden Design, die überall aufgestellt werden kann, wo es keine geeignete Fläche gibt, und die das Zusammenfegen erleichtert.*

Denken Sie bei Ihrer Terminplanung daran, den Polterabend mindestens eine Woche vor dem eigentlichen Hochzeitsfest stattfinden zu lassen. Denn Sie haben in den meisten Fällen danach nicht nur eine Menge aufzuräumen. Da es bei Polterabenden recht ausgelassen zugeht, brauchen Sie eine kleine Atempause und Regenerationsphase. Das gilt übrigens auch für den Junggesellenabschied. So können Sie dem schönsten Tag in Ihrem Leben gut erholt entgegensehen!

Eine weitere Gelegenheit, bereits vor der Hochzeit zu feiern, ist das Binden und An-

*Scherben bringen Glück! Beim Polterabend greifen die Verlobten zu Kehrschaufel und Besen.*

bringen des Hochzeitskranzes an der Tür des (zukünftigen) Heimes des Paares. Diesen Brauch findet man zumeist in ländlichen Gegenden. Der Kranz wird aus Tannenzweigen und weißen Blumen von den Nachbarinnen gefertigt und von deren Ehemännern aufgehängt. Ist diese Arbeit erledigt, werden die Nachbarn zu einem zünftigen Umtrunk eingeladen.

## FÜR DIE BRAUT

Einer alten Tradition folgend, bezahlt die Braut ihre Hochzeitsschuhe mit gesammelten Pfennigen. Der Brauch geht darauf zurück, dass in den meisten Familien früher lange für Mitgift und Aussteuer gespart werden musste. Zudem ist er Zeichen dafür, dass der Braut die Tugend der Beständigkeit innewohnte. Ein schöner und beliebter Brauch, auch wenn heute nicht mehr jahrelang in

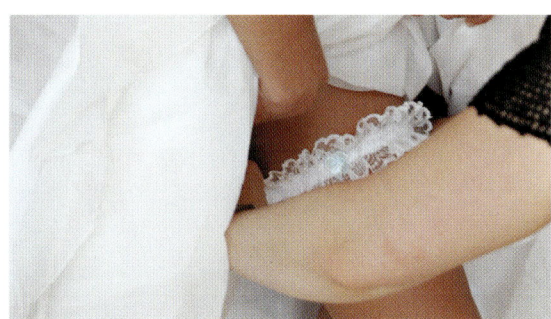

*Das traditionelle blaue Strumpfband –*
*Symbol der Treue der Braut zum Bräutigam.*

einen Strumpf gespart und statt mit Pfennigen mit Cents bezahlt wird. Sie werden sicherlich in jeder Bank aufs Herzlichste bedient, wenn Sie Ihr Geld in kleinen Kupfermünzen abheben möchten! Während der Feier werden die Brautschuhe symbolisch an die Gäste versteigert. Das Geld bekommt das Ehepaar.

Something old, something new, something borrowed, something blue soll die Braut an ihrem Hochzeitstag tragen. So will es eine ursprünglich aus Großbritannien stammende Tradition. Das Alte symbolisiert das bisherige Leben der Braut. Dies ist zumeist ein Erbstück wie Ohrringe, ein Armreif oder eine Perlenkette. Das Neue steht für die Zukunft. Hier bieten sich das Brautkleid oder die Brautschuhe an. Das Geliehene steht als Sinnbild für Freundschaft und Glück und kann zum Beispiel ebenso ein Schmuckstück oder auch ein Spitzentaschentuch von der Freundin sein. Das Blaue symbolisiert die Treue. Es kann etwa die kleine blaue Schleife am Brautkleid sein. Weit verbreitet ist das Tragen eines blauen Strumpfbandes. Mancherorts ist es üblich, dass der Bräutigam vor der Hochzeitsgesellschaft der Braut das Strumpfband abstreift und es den umstehenden Junggesellen zuwirft. Derjenige, der es fängt, wird der nächste Bräutigam sein.

Auf die traditionelle Morgengabe kann sich die Braut freuen. In den frühen Stunden des Hochzeitstages bekommt sie traditionell von ihrem zukünftigen Gatten ein kostbares Geschenk. Früher als finanzielle Absicherung gedacht, symbolisiert diese Gabe heute seine innige Liebe zu ihr!

## WÄHREND DER TRAUUNG UND DES FESTES

Zur Trauung geleiten Brautjungfern und Blumenkinder das Brautpaar. Sie streuen nach einem alten heidnischen Brauch Blumen und Blüten auf dem Weg des Paares. Die Brautjungfern sollen böse Geister von der Braut ablenken und tragen traditionell Kleider, die dem Brautkleid ähnlich sind.

Eine sehr beliebte Tradition ist das Spalierstehen. Es geschieht zu Ehren des Paares. Die Gestaltung des Spaliers richtet sich oft nach den Vorlieben und Hobbys des Brautpaares. Liebt das Brautpaar das Bergsteigen,

# Traditionelle und moderne Hochzeitsbräuche

Bräuche, ob althergebracht oder modern, sind Tradition. Sie sind ein Zeichen der Liebe und symbolisieren den Start in ein neues, gemeinsames Leben. Symbolische Hindernisse – ein Laken, in das ein Herz geschnitten wurde – müssen überwunden werden, so wie auch im „echten" Leben. Auch die Baumstämme, die vom Brautpaar gemeinsam zersägt werden, stehen für die im Alltag zu bewältigenden Probleme. Eher neuere Bräuche sind das Stemmen von Hanteln und das Fliegenlassen von Ballons.

dann stehen Freunde mit Eispickel und Seil Spalier. Ist sie eine absolute Pferdenärrin, werden Ross und Reiter das Paar erwarten. Ist der Bräutigam begeisterter Fußballer,

*Die Blumenkinder begleiten den Weg des Brautpaares mit Blüten und Blumen.*

müssen Fußbälle und Tornetz herhalten. Oft wird noch eine Torwand aufgebaut. Sinnbild der gemeinsamen Hindernis- und Problembewältigung im gemeinsamen Leben ist das Zersägen von Gegenständen, wie Holzstämmen – eine klassische Wegsperre –, Wasserschläuchen bei Feuerwehrleuten, Auspuffen bei Motorradfans ... Alternativ dazu können Feuerreifen, speziell gestylte Papierwände oder Laken, aus denen das Paar zum Beispiel vorher ein Herz ausschneidet, gemeinsam durchsprungen werden.

Alter Sitte zufolge regnet es nach der Trauung Reis. Auf diesen Brauch wird heute nicht nur aus solidarischen und moralischen Gründen verzichtet, meist ist es zudem aus hygienischen Gründen verboten, vor Standesämtern und Kirchen Reis zu werfen, da Reis Tauben anlockt. Um den Frischvermählten dennoch eine glückliche und fruchtbare Ehe zu wünschen, im Laufe derer sich die gemeinsamen Träume erfüllen mögen, werden Blumen geworfen oder Luftballons oder Seifenblasen gen Himmel geschickt.

Bevor die Brautleute die Hochzeitslocation betreten dürfen, werden ihnen eine gesalzene Scheibe Brot und ein Glas Wasser zum gemeinsamen Verzehr gereicht. Der Brauch begründet sich darin, dass früher der Bräutigam erst dann zur Familie gehörte, wenn man zusammen Brot und Salz verspeist hatte. Außerdem versinnbildlichen Brot und Salz, dass dem Brautpaar die Grundnahrungsmittel und das Geld nie ausgehen mögen.

Natürlich wird auf einer Hochzeitsfeier auch die nächste Braut unter den anwesenden unverheirateten Frauen ermittelt. Dies ist einer alten Sitte zufolge diejenige, die den Brautstrauß fängt. Traditionell wirft die Braut den Strauß mit geschlossenen Augen oder mit dem Rücken zur Hochzeitsgesellschaft stehend. Dieser Brauch ist auch heute fester Bestandteil einer jeden Hochzeit und sorgt für ausgesprochene Heiterkeit der Gäste. Einer anderen Sitte zufolge verbindet sich die Braut um Mitternacht die Augen mit ihrem Schleier und fängt eine ledige Freundin, die dann die nächste Braut sein wird.

Der Brauch der Brautentführung hat seinen Ursprung im Mittelalter. Damals hatten Klerus wie Adel das Recht, die weiblichen Untergebenen in der Hochzeitsnacht zu entjungfern. Dazu wurde die Braut von den Vasallen während des Hochzeitsfestes abgeholt. Das ist heute natürlich nicht mehr so, auch wenn Freunde des Paares dazu abgestellt werden, die Braut zu entführen. Nachdem der Bräutigam seine frisch Angetraute gefunden hat, muss er nicht nur die Zeche der vermeintlichen Entführer zahlen, sondern auch Ablöse leisten. Das kann zum Beispiel vier Wochen Bettenmachen oder ein

*Franks Spezial-Tipp*

*Den Brautschleier in kleine Stücke schneiden, diese mit fünf Hochzeitsmandeln füllen und an die Gäste als Geschenk und Erinnerung verteilen.*

# Und immer wieder

**Zur Erinnerung an den Hochzeitstag wird im Allgemeinen gefeiert nach**

... 25 Jahren die silberne Hochzeit.

... 50 Jahren die goldene Hochzeit.

... 60 Jahren die diamantene Hochzeit.

... 65 Jahren die eiserne Hochzeit.

... 70 Jahren die Gnadenhochzeit.

... 75 Jahren die Kronjuwelenhochzeit.

**Es gibt noch weitere Jubiläen, die jedoch nicht so ausschweifend gefeiert werden:**

... nach 5 Jahren die Holzhochzeit. Holz symbolisiert Beständigkeit und erinnert das Paar an die Beständigkeit der Ehe.

... nach 6,5 Jahren die Zinnhochzeit. So, wie Sie Zinn regelmäßig polieren müssen, um den Glanz zu erhalten, bedarf auch Ihre Ehe einer guten Pflege.

... nach 10 Jahren die Rosenhochzeit. Die Rosen erinnern an die Liebe und den Anfang Ihrer Ehe.

... nach 12,5 Jahren die Petersilien-Hochzeit. Frische Kräuter stehen für frischen Wind im gemeinsamen Leben. Wenn dieser Hochzeitstag besonders gefeiert wird, sorgen traditionell die Freunde für das leibliche Wohl der Gesellschaft.

... nach 15 Jahren die gläserne Hochzeit oder Kristall-Hochzeit. Klare Gläser und Kristalle symbolisieren die Ehrlichkeit der Partner. Einer soll für den anderen so durchsichtig sein wie Glas und funkeln wie ein Kristall. Der Brauch will es, zu diesem Tag Gläser und Kristalle zu schenken, um das zu ersetzen, was in den vorangegangenen Jahren zu Bruch gegangen ist.

... nach 20 Jahren die Porzellanhochzeit. Der Porzellananteil im Haushalt ist nach 20 Jahren deutlich dezimiert und wird wieder aufgefüllt.

... nach 30 Jahren die Perlenhochzeit: Wie Perlen an einer Perlenkette, so reihen sich auch die gemeinsam verbrachten Ehejahre aneinander.

Tanz sein. Heute ist der Brauch nicht sehr beliebt, weil sich die oft längere Abwesenheit des Hochzeitspaares negativ auf die allgemeine Stimmung auswirkt. Traditionell um Mitternacht findet der Schleiertanz statt. Der Schleier wird der Braut geraubt, in viele Stücke gerissen und an die weiblichen Gäste verteilt. So wird etwas von dem reichen Segen, den das Brautpaar an diesem Tag erfahren hat, symbolisch weitergereicht.

*Das traditionelle Brautstraußwerfen – diejenige, die ihn fängt, wird nach altem Aberglauben die nächste Braut sein.*

# Magic Moments

Wie wird eine Feier zu einem gelungenen, stimmungsvollen Fest? Zunächst einmal
mit der richtigen Musik. Setzen Sie darüber hinaus gezielt Highlights,
die den Übergang zwischen unterschiedlichen Festmomenten erleichtern,
Stimmungen auflockern und eine Menge Spaß machen.

**Bild links:** *Ein Feuerwerk für die Sinne – eine Hochzeitsfeier sollte*
*für alle ein unvergessliches Ereignis sein.*

Bedenken Sie bei Ihren Planungen das richtige Timing sowie die Länge einzelner Programmpunkte. Seien Sie flexibel. Wenn der Saal kocht, ist bestimmt nicht der richtige Moment, einen Solokünstler auftreten zu lassen. Dagegen wird eine sattgegessene Gesellschaft mit einem kleinen Tanzkurs wieder munter. Ebenso ist ein Highlight zum offiziellen Ende der Feier ein wunderschöner Abschluss – und gleichzeitig ein Dankeschön an die Gäste. Showeinlagen sollten nicht länger als 10 Minuten dauern. Sonst kommt leicht Langeweile auf. Haben Sie zu viel auf dem Programm stehen, laufen Sie Gefahr, dass Ihre Hochzeitsgesellschaft zu einer pas-

siven Zuschauermenge mutiert und keine Stimmung aufkommt. Bevor Sie Ihre Vorstellungen in die Tat umsetzen und einen Unterhaltungskünstler, Zauberer, Tänzerinnen oder Artisten buchen, sprechen Sie mit Ihren Freunden und Verwandten. Oft haben diese auch diverse Unterhaltungseinlagen geplant. Bitten Sie um *kurze* Acts.

Wenn Sie Ihre Hochzeit unter ein Thema oder Motto gestellt haben, bieten sich selbstverständlich Showacts an, die darauf abgestimmt sind. Der australische Schauspieler Russell Crowe hat einen Fruchtbarkeitsritus von Aborigines aufführen lassen. Kurz danach war seine Frischvermählte tatsächlich

*Tanzeinlagen lassen keine Müdigkeit aufkommen.*

schwanger. Laden Sie zu Ihrer Schiffshochzeit ein Wasserballett, einen Wasserskiartisten oder einen Solosänger mit Schifferklavier ein. Engagieren Sie für Ihre Strandhochzeit Hula-Tänzerinnen. Zu einer Hochzeit im in-

*Auch die Braut kann beim Tanzprogramm einbezogen werden.*

dischen Stil à la Bollywood passt eine orientalische Bauchtanzgruppe. Organisieren Sie einen Limbo-Tanzkurs. Laden Sie zu Ihrer 1920er-Jahre-Hochzeit ein Vokalensemble ein. Eine Hochzeit im Asia-Style kommt mit einem Live-Koch gut an. Lassen Sie Ihre Gäste eine original japanische Teezeremonie miterleben. Eine Square-Dance-Gruppe wird auf einer Country-Hochzeit begeistern, eine Feuershow auf einer Mittelalterhochzeit. Wer es klassisch mag, lädt einen Opernsänger ein, der einige musikalische Leckerbissen auf seinem Programm hat. Zu den Klängen eines Pianisten oder eines Sologeigers lässt es sich hervorragend speisen.

Ein absolutes Multitalent ist der Unterhaltungskünstler. Sein Programm kann sich wie ein roter Faden durch die ganze Feier ziehen, seine Künste sind breit gefächert und nehmen unterschiedliche Formen an. Neben Darbietungen als Jongleur oder Ballonkünstler, die die Aufmerksamkeit der gesamten

Gesellschaft auf sich ziehen, agiert er auch im Hintergrund als falscher Kellner oder die Klatsch und Tratsch liebende Nachbarin. Zauberei, Illusionen und fesselnde Effekte bietet der Partyzauberer. Er setzt Highlights mit magischen Zaubereien und gestaltet seine Vorstellungen interaktiv. Installieren Sie kleine Lounges. Richten Sie eine magische Ecke ein, in der eine Wahrsagerin Ihren Gästen aus den Händen oder aus dem Kaffeesatz liest. Das passt wunderbar zur mittelalterlichen Hochzeit. Eröffnen Sie ein kleines Kasino mit Black Jack und Roulette – gut geeignet für eine Hochzeit im 007-Style. Wenn das rauschende Hochzeitsfest auf sein unvermeidliches offizielles Ende zusteuert, ist der Moment gekommen, noch einmal einen eindrucksvollen Abschluss zu setzen.

*Gern wird das Paar mit lustigen Spielen gefordert.*

Dazu eignet sich natürlich ganz besonders das Feuerwerk. Überlieferungen nach legten die Chinesen bereits im 1. Jahrhundert nach Christi verschlossene Bambusstücke ins Feuer, bis diese barsten. Auch von den alten Römern ist eine Art Feuerwerk in Form von Feuerrädern oder funkensprühenden Fontänen bekannt. Die Herstellung von Feuerwerkskörpern auf der Basis von Schwarzpulver lässt sich bis in das 11. Jahrhundert zurückverfolgen. Die Chinesen feuerten vielfarbige Arrangements ab, von denen viele aussahen wie sich bewegende Menschen mit Gesichtern, Haaren und Kleidern. Grundsätzlich ist in Deutschland ein Feuerwerk nur vom 31. Dezember bis zum 1. Januar gestattet. Plant man ein Feuerwerk zu besonderen Anlässen, muss eine Sondergenehmigung vom dem jeweiligen Ordnungsamt eingeholt werden. Große und mittlere Feuerwerke bedürfen zudem eines ausgebildeten Pyrotechnikers. Privatpersonen über 18 Jahren ist lediglich das Abschießen von sogenannten Kleinfeuerwerken erlaubt. Aber auch damit lässt sich ein wunderbarer Abschluss gestalten. Personalize your Wedding kann auch in diesem Fall ideengebend sein. Stellen Sie doch ein brennendes Herz mit Ihren Namen auf!

Eine Alternative zum Feuerwerk ist die Tiang Deng, auch Skylaterne oder Fluglater-ne genannt. Sie kommt ursprünglich aus Asien. Bevor man die Laterne in die Lüfte entlässt, wird ein Wunsch in sie hineingeflüstert. Damit soll alles Schlechte in den Himmel entfleuchen und ein neues, glückliches Leben beginnen. Die Wunsch- oder Glückslaternen sind in verschiedenen Größen, Farben und Formen zu haben und können auf Wunsch bedruckt werden. Zum Beispiel mit den Namen des Brautpaares oder mit vielen guten Wünschen für die gemeinsame Zukunft.

Wenn Sie vor den Gästen das Fest verlassen, um zum Beispiel in die Flitterwochen zu starten, dann gehen Sie mit einem besonderen Showeffekt. Verteilen Sie Konfetti oder Luftschlangen, oder veranlassen Sie eine Lightshow. Wer es weniger aufwendig, dafür aber umso romantischer liebt, tanzt noch einmal den Hochzeitstanz. Übung haben Sie ja nun genug!

*Eine lockere Atmosphäre ist wichtig. Auch die Gäste sollen ihre Freude haben.*

## ENTERTAINMENT FÜR KINDER

Auch wenn Sie es sich kaum vorstellen können: Für Kinder ist eine Hochzeit meist anstrengender als für das Brautpaar. Dabei gibt es nichts Schlimmeres, als wenn die süßen Kleinen zu wahren Quälgeistern mutieren. Sorgen Sie deshalb vor, und schaffen Sie den idealen Background, damit nicht

Kinder beschäftigt sein und genügend Gelegenheit haben, sich zu zerstreuen. Nur keine Langeweile aufkommen lassen! Kindern, die wie die Blumenkinder in die Feierlichkeiten eingebunden sind, wird es während der Trauungszeremonie bestimmt nicht langweilig. Schon Wochen vorher freuen sich die kleinen Blumenstreuer auf ihre wichtige Auf-

*Auch die Kleinen haben ihren Auftritt.*

nur die Kleinen, sondern auch Sie diesen ganz besonderen Tag in vollen Zügen genießen können. Was Sie tun können, um die jungen Gäste bei guter Laune zu halten, hängt stark davon ab, in welchem Rahmen und an welcher Location die Hochzeit stattfindet. Sind eine kirchliche Trauung am späten Nachmittag und ein abendliches Bankett geplant? Oder finden die Festivitäten tagsüber unter freiem Himmel statt? Feiern Sie im Winter oder mitten in der Großstadt und sind so auf die Räumlichkeiten in einem Hotel angewiesen? In jedem Fall sollten die

gabe, die sie in der Kirche oder vor dem Standesamt zu bewältigen haben. Mutige können auch das Ringkissen oder die Traukerze tragen oder während der Trauung eine kleine Weise singen. Lassen Sie die Sprösslinge nach der Trauung vor der Tür posieren und das Brautpaar mit Konfetti begrüßen. Bei all diesen Aktivitäten gilt: am besten eine Bezugsperson bestimmen, die den Überblick behält und allzu große Aufregungen im Vorfeld beschwichtigt. Sind viele Kleinstkinder unter den Gästen, empfiehlt es sich, einen Babysitter zu organisieren. Denn so bewegend eine Trauung auch sein mag, den Aller-kleinsten ist das alles viel zu langweilig. Ob der Babysitter professioneller Natur oder eine Freundin ist, bleibt dabei ganz Ihnen über-lassen.

*Kleine Spiele, wie Seifenblasen machen, ist eine willkommene Abwechslung bei den jüngeren Gästen.*

Finden die anschließenden Hochzeitsfei-erlichkeiten unter freiem Himmel statt, ist das natürlich ideal. Dort können die Kleinen herumtollen und toben, ohne dass der Ver-lauf der Festivitäten gestört wird. Feiern Sie Ihre Hochzeit hingegen in geschlossenen Räumen, in einem Hotel oder sogar auf einem Schiff, sorgen Sie für genügend Platz zum Spielen und für ausreichende Sicher-heit. Fabelhaft ist ein hinreichend großer Nebenraum, in dem sich die Kinder nach Herzenslust bewegen können. Denken Sie aber auch daran, eine kleine Ruhezone ein-zurichten, wo sich die Kleinen zurückziehen und ausruhen können. Bereiten Sie beispiels-weise eine Chill-out-Zone nur für die Kleinen vor, ausgestattet mit bunten Kissen, Decken und Matratzen. Zu später Stunde kann diese

übergangsweise als Nachtlager dienen. Ein ganz besonderes Erlebnis für die Kinder ist es, wenn sie alle gemeinsam an einem Tisch essen können. Das hat zudem den Vorteil, dass auch die Erwachsenen das festliche Mahl so richtig genießen können. Sorgen Sie dafür, dass der sogenannte „Katzentisch" passend im Raum platziert und liebevoll und kindgerecht eingedeckt und geschmückt ist. Die kleinen Gäste werden begeistert sein, wenn Sie ihnen einen Kindersekt kredenzen. Besonderes Highlight: kleine Geschenke wie witzige Geduldspiele oder Seifenblasen.

Beschäftigung ist das A und O. Das bedeutet aber nicht, dass Sie sich unglaubli-che Dinge ausdenken müssen. Kinder sind in dieser Hinsicht sehr anspruchslos. Das hat den Vorteil, dass auch Ihr Budget nicht allzu großen Belastungen ausgesetzt ist. Besorgen Sie kleine Leinwände und ein paar Malkäs-ten. Sie werden staunen, was für Künstler unter Ihren kleinen Gästen weilen. Aus Kor-ken und Kartoffeln lassen sich Stempel her-stellen. Mit Joghurtbechern und Reis kann man prima Rasseln basteln. Die Liste lässt sich endlos erweitern, und es braucht nichts weiter als etwas Farbe, Karton, Bindfäden, Kleber, Papier, Pappe und Pinsel. Fertig ist die Künstlerwerkstatt! Besorgen Sie Lego Duplos und Playmobil, Mal-, Lese- und Bil-derbücher, Spielesammlungen mit Karten- und Gesellschaftsspielen wie Uno, Schwarzer Peter, Gruselino, Mikado und Mühle. Auch Spiele wie Schokoladenessen erfreuen sich großer Beliebtheit. Spiele mit Bewegung sind besonders gut gegen aufkommende Lange-weile und helfen den Kindern, sich von über-schüssiger Energie zu befreien. Stellen Sie Bälle, Reifen, Seilchen, Gummitwists zur Verfügung. Spiele wie Blinde Kuh, Eierlau-fen, Sackhüpfen, Die Reise nach Jerusalem oder Büchsenkuckuck sind Dauerbrenner.

Gegen eine Gebühr können Sie eine Spielekiste vom Jugendamt ausleihen mit originellen Bewegungs- und Geschicklichkeitsspielen. Natürlich können Sie auch eine professionelle Nanny engagieren, die über einen unerschöpflichen Fundus an Bastelideen und kurzweiligen Spielen verfügt. Wenn Sie ganz ungezwungen feiern, werden die Kinder gern einen Teil des Service übernehmen. Sie werden überrascht sein, mit wie viel Begeisterung die kleinen Gastronomen ihren Job angehen. Sprechen Sie vorher mit dem Gastwirt! Alternativ kann ein größeres Kinderprogramm geplant werden. Engagieren Sie einen Zauberer, einen Luftballonkünstler, einen Clown, ein Kindertheater oder Attraktionen wie Hüpfburgen und Kinderschminken. Für Kinder ist es wichtig, dass am Ende des Tages ein klarer Schlusspunkt gesetzt wird. Veranstalten Sie auch für die Kleinen ein Feuerwerk in Miniaturausgabe. Vielleicht haben die Kinder aber auch im Laufe des Tages eine Vorstellung vorbereitet, die sie zum Abschluss vorführen möchten. Eine prima Gelegenheit, die Gruppe aufzulösen und die stolzen Schauspieler in die Obhut ihrer Eltern zu entlassen.

*Franks Extra-Tipp*

*Wer etwas Wildes, Nasses oder Farbiges plant – z. B. ein Planschbecken aufstellen oder Fingerfarben bereitstellen möchte –, sollte den Eltern Bescheid sagen, dass sie für die Kinder Badehose und altes Oberhemd von Papa oder Wechsel-Kleidung mitbringen. Kinder lieben Seifenblasen! Besonders Riesenblasen hinterlassen bei den Kindern einen bleibenden Eindruck. Ganz wichtig: An eine kindgerechte Verköstigung denken. Im Sommer immer ausreichend Sonnencreme mit hohem Lichtschutzfaktor zur Verfügung stellen.*

*Geben Sie den Kindern Raum für Bewegung, dann kommt keine Langeweile auf.*

# Für immer und ewig

Eine Hochzeit ohne Erinnerungen ist wohl undenkbar.
Ob Fotoalbum, Videofilm oder Gästebuch. Selbst wenn sie ihr Dasein
zum größten Teil im Verborgenen fristen, missen möchte man sie in keinem Fall.
Ein Hochzeitsfilm erwärmt an kalten Winterabenden das Herz.
Fotos sorgen an so manchen Feiertagen mit der Familie oder Freunden für
kurzweilige Stunden und lassen Erinnerungen wach werden. Ein ausgefallenes
Gästebuch kann sogar eine schöne Dekoration sein.

*Bild links: Hochzeitsfoto einmal anders: Hier haben sich die Gäste in Herzform aufgestellt.*

Der erste Schritt auf dem Weg zur Fotografie war die Camera obscura. Ein schwarzer Kasten mit einem winzigen Loch warf umgekehrte Bilder an die gegenüberliegende Wand von allem, was sich vor der Außenseite direkt vor diesem Loch befand. Die Erfinder waren vermutlich die Chinesen im 3. Jahrhundert v. Chr. Im 17. Jahrhundert erfand der Venezianer Daniele Barbaro die Linse, um das Bild zu fokussieren. Der Brite

*Fotos der wundervollsten Momente halten den wohl schönsten Tag der Verliebten für die Ewigkeit fest.*

Thomas Wedgewood komplettierte um 1800 die Kamera mit dem Film. Erst zwei Jahrzehnte später gelang dem Franzosen Nicéphore Nièpce die Fixierung und damit die Herstellung von lichtbeständigen Fotografien. Nièpces Neffe entwickelte um die Mitte des 19. Jahrhunderts die Farbfotografie.

Heute verfügt fast jeder über eine Digitalkamera, und so werden sich unter den Gästen ausreichend Hobbyfotografen befinden, die versuchen, die feierlich gestimmte Hochzeitsgesellschaft, bewegende Momente, lustige Begebenheiten und reizvolle Situationen mit ihrer Kamera festzuhalten. Aber eben nur versuchen! Tun Sie sich selbst einen Gefallen und investieren Sie in einen Profi. Dieser sollte in erster Linie professionelle Fotografien von Ihnen aufnehmen. Besprechen Sie vorher mit dem Fotografen Ihre Vorstellungen, Ihre Wünsche, Ihren Stil. Lieben Sie es klassisch romantisch oder eher modern? Bevorzugen Sie traditionelle Fotos wie zum Beispiel das Brautpaar im Park oder im Cabrio, oder möchten Sie es ausgefallen? Dann machen Sie doch ein Making-of. Die Braut beim Ankleiden, die Aufregung des Bräutigams, das Brautpaar auf dem Weg zur Kirche ... Halten Sie den schönsten Tag Ihres Lebens als Fotoreportage oder im Stil einer Foto-Lovestory nach „Bravo"-Art fest. Lassen Sie sich beraten. Ein guter Fotograf wird das Richtige finden, Ihnen Ideen geben und Ihre individuellen Wünsche erfüllen. Darüber hinaus sollte der Fotograf Aufnahmen der Location, der Dekorationen und der Gäste machen. Hier nicht zu vergessen sind die wichtigsten Player Ihrer Hochzeit, also in jedem Fall die Brauteltern, Brautjungfern, Trauzeugen, Blumenkinder, die Geschwister und engsten Verwandten und Freunde.

Machen Sie zu Beginn der Feier ein Foto von sich und jedem eintreffenden Gast oder Paar. Besonders toll ist, wenn ein schöner goldener Rahmen das Antlitz des Brautpaares und der jeweiligen Gäste umfasst. Ein solches Bild eignet sich später auch hervorragend zur Gestaltung von Dankeskarten. Eine sehr schöne Idee sind Gruppenfotos der ganzen Gesellschaft. Eine anstrengende und mit-

unter nervenaufreibende Angelegenheit, die aber später alle Strapazen vergessen macht. Lustig und ausgefallen wird es in jedem Fall mit Selbstauslöser.

So sehr Sie auch glauben, diesen Tag in Ihrem Leben nie zu vergessen, Sie tun gut daran, Ihre Erinnerungen zu ordnen und ein Hochzeitsalbum anzulegen. Gestalten Sie Ihr Album selbst. Kleiden Sie es von Hand in edle Stoffe. Sollten Sie noch einen Stoffrest von Ihrem Brautkleid haben, verarbeiten Sie diesen. Nehmen Sie von jedem Gast ein Polaroid-Foto auf und lassen es später im Album von derjenigen Person kommentieren. Auch extravagante Cristal-Cube-Foto-Frames eignen sich als Minihochzeitsalben. Sie haben zudem den Vorteil, nicht im Vertiko im Wohnzimmer zu verschwinden und geben eine hübsche Dekoration für jedes Zimmer ab. Haben Sie die Gelegenheit und einen fähigen Hobbyfilmer unter Ihren Gästen, bitten Sie ihn darum, einen kleinen Hochzeitsfilm zu drehen. Selbstverständlich sollte er wissen, dass es nichts Schlimmeres gibt als langatmige Bildstreifen, und über eine geeignete Bearbeitungssoftware verfügen.

*Ein Film über die eigene Hochzeit ist für das Ehepaar eine besondere Erinnerung.*

Mit einem Gästebuch geben Sie Ihren Gästen auch am Tag der Hochzeit die Möglichkeit, Glückwünsche für Ihre gemeinsame Zukunft – die im regen Treiben und in den Aufregungen des Tages oft untergehen – schriftlich festzuhalten. Optimalerweise platzieren Sie das Gästebuch am Eingang der Feierlocation auf einem schön dekorierten Tisch oder besser einem Stehpult. Sie sollten verschiedenfarbige Stifte in ausreichender Menge zur Verfügung stellen und vielleicht jemanden beauftragen, die Gäste auf das Buch aufmerksam zu machen. Ansonsten werden Sie zum Ende der Feier nicht mehr als drei beschriebene Seiten vorfinden. Und das wäre doch wirklich schade. Stellen Sie Ihr Gästebuch unter ein Motto. So erleichtern Sie Ihren Gästen ihre Aufgabe, und Sie verhindern zudem, dass sich viele Einträge gleichen oder auf herkömmliche Glückwünsche beschränken. Vielleicht gefällt es Ihnen, wenn jeder Gast schreibt, wie er Sie kennengelernt hat. Oder drei Gründe, warum das Brautpaar gut zueinander passt. Hier sind Ihrem Einfallsreichtum keine Grenzen gesetzt. Wenn Sie sich so viele Gedanken um das Innenleben Ihres Gästebuches machen, dann sollte auch das Äußere stimmen. Nehmen Sie einen weißen Holzkasten oder einen Karteikasten. Oben prangt ein Foto des Hochzeitspaares, die Karteikarten können zum Schreiben benutzt werden. Oder lassen Sie die Wünsche während der Feier an eine Wäscheleine hängen. Diese können Sie später in Ihrem Schlafzimmer dekorieren. Legen Sie eine Polaroidkamera bereit. Die Gäste können sich mit Selbstportrait nebst Spruch verewigen.

Erfreuen Sie auch Ihre Gäste mit kleinen Geschenken. Das konserviert die Erinnerung und ist gleichzeitig ein Dankeschön. Denn was wäre eine Hochzeitsfeier ohne das aktive Mitwirken einer gutgelaunten Gästeschar? In Südeuropa schenken die Brautleute ihren Hochzeitsgästen fünf gezuckerte Mandeln in

Hallo,
ich bin ein Maiglöckchen. Wen...
Herbst in die Erde pflanzt und ...
bedeckst, werde ich nächstes J...
1. Hochzeitstag von Christina ...
blühen.
So werdet Ihr diesen Tag lang...
behalten!

Du mich im
t einem cm Erde
r am
nd Alexander

in Erinnerung

Schön dass Du da bist!

... SCHÖN, DAB
DU GEKOMMEN BIST!

*Die Hochzeit in CD-Form – auch als Dankeschön-Geschenk für die Gäste eine nette Idee.*

einem hübsch verzierten Beutel, die das Bittere und das Süße, die guten und die schlechten Zeiten im Leben symbolisieren. Jede einzelne Mandel steht für einen Wunsch an das Hochzeitspaar. Für die Gesundheit, den Wohlstand, das Glück, die Fruchtbarkeit und ein langes Leben.

### Franks Spezial-Tipp

*Sie können Ihr Gästebuch durch einige Dinge ergänzen und es so zu Ihrem persönlichen Hochzeitserinnerungsbuch machen: Fügen Sie zum Beispiel die Kopie der Heiratsurkunde ein oder die Menü- und Einladungskarte; kleben Sie getrocknete Blumen aus dem Brautstrauß hinein, einen Luftballon der Ballon-Aktion, Accessoires der Tischdekoration …*

Der Brauch des Gastgeschenks geht bis in die Antike zurück. Zu den Glanzzeiten des Sonnenkönigs wurden edle Verpackungen in Gold und Silber verschenkt. Das gemeine Volk verwendete Porzellan und Karton oder den Tüll des Brautkleides. Der Brauch des Gastgeschenks ist in den letzten Jahren bei uns wieder aufgelebt. Als nette Aufmerksamkeit für die Gäste, als Dankeschön für all die guten Wünsche und als eine bleibende Erinnerung an eine traumhafte Hochzeit. Natürlich sind auch heute die klassischen Hoch-

zeitsmandeln ein beliebtes Give-away oder Wedding-Favor. Schön verpackt, individuell gestaltet und mit den Namen des Hochzeitspaares und dem Datum der Trauung versehen, können sie hervorragend in die Tischdekoration integriert werden. Aber warum immer Mandeln? Es gibt unzählige Alternativen, die dem Gast eine schöne Erinnerung sind und in ihrer Symbolträchtigkeit nicht unbedingt zurückstehen. Wedding-Favors, die verbraucht oder gebraucht werden, wirken nicht ganz so aufdringlich. Zudem landen solche Geschenke nicht gleich in der Mottenkiste. Beweisen Sie blühende Fantasie und verschenken Sie Blumensamen. Verpacken Sie Samen Ihrer Hochzeitsblumen oder anderer schöner Pflanzen in ein Kärtchen, das Sie mit einer Minideko, einem Foto oder Ihrem Trauspruch verzieren. Eine andere Variante sind mit Namen und Hochzeitsdatum gravierte Gläser oder Kuchengabeln. Dekorieren Sie hier zum Beispiel mit einer Schleife. Geradezu perfekt als Give-away eignet sich der Rosmarin im Topf. Er ist die Hochzeitspflanze, schmückt jede Küche und findet gute Verwendung. Eine schöne Idee ist auch eine Weinflasche, deren Etikett mit dem Foto des Brautpaares und dem Hochzeitsdatum bedruckt ist. So können sich die Gäste bei einem Gläschen noch einmal die schönsten Momente vergegenwärtigen. Oder kleine Tabasco-Fläschchen. Mit jedem Spritzer ein kurzer Gedanke. Für Romantiker eignet sich Glücksklee in Dosen. Dieser sprießt nach ungefähr vier Wochen und erinnert an das Brautpaar. Ein Fächer in Herzform ist nicht nur praktisch an heißen Tagen, sondern auch dekorativ. Versehen Sie ihn mit Ihren Namen oder mit einem schönen Spruch. Zu jeder Hochzeit passend ist die Hangover-Goodie-Bag. Bewaffnet mit Schmerztabletten, einem Gelkissen für die Augen, Pfefferminzöl und

Badeperlen kann jeder Gast den Tag nach der Hochzeit gut überstehen. Gestalten Sie Ihre Geschichte als Daumenkino, oder nehmen Sie eine CD mit der Musik der Hochzeit auf oder verschicken Sie später eine DVD Ihres Hochzeitsfilms.

Auch Bonbonnieren, das Brautparfum in Miniflakons, Brillen in Herzform, Duftkerzen, Damastservietten, Seife, Satinarmbänder, Schlüsselanhänger oder Minivasen geprägt, bedruckt oder bestickt mit den einschlägigen Worten und Daten finden in jedem Haushalt Unterschlupf. Verschenken Sie zu einer Sommerhochzeit Flip-Flops mit Hochzeitsdatum, zu einer Winterhochzeit Schneekugeln mit dem Foto des Brautpaares oder eine spezielle Hochzeitsteemischung. Machen Sie während des Sektempfangs oder zu Beginn der Feier Digitalfotos der einzel-

nen Gäste, die Sie zum Ende der Feier gerahmt verschenken.

Für gläubige Paare eignen sich wunderbar kleine Rosenkränze, die man in kleinen Satinbeuteln verpackt zur Erinnerung an eine himmlische Hochzeit verschenkt.

*Franks Spezial-Tipp*

*Bei Gastgeschenken spielt der Kostenfaktor eine große Rolle. Wer ein nur knappes Budget hat, kann Give-aways auch leicht selbst machen. Eine Streichholzschachtel mit dem Foto des Brautpaares, selbstgemachter Lebkuchen mit einer Schrift aus Zuckerguss oder eine kleine Candy-Bar. Zum Abschied kann sich jeder Gast ein Tütchen abfüllen. Oder konfektionieren Sie selbst kleine Süßigkeiten und erstellen individuelle Verpackungen, wie z. B. selbstgemachte Marmelade in Mini-Weckgläsern.*

*Das wohl traditionellste Hochzeitsfoto: ein Bild der ganzen Hochzeitsgesellschaft.*

*Nicht vergessen:
Braut und Bräutigam
brauchen auch ihre
privaten Momente.*

# Glossar

**Bildnachweis**

Alle Abbildungen soweit nicht anders angegeben von Andrea Langer und Marcus Mokros, www.tag7.de.
Abbildungen auf den Seiten: Backcover oben MME/Fotograf: www.harald-und-erhard.de, Backcover unten MME/Fotograf: Shirin Ourmutchi; S. 6 MME/Fotograf: Shirin Ourmutchi; S. 10 picture-alliance/ZB; S. 13 rechts Gisela Schach Exclusiv www.gisela-schach.de; S. 15 links Mitte, links unten, rechts 3. Bild, rechts unten: text&graphik, www.tollekarten.de, S. 15 rechts 2. Bild www.pixelio.de/Fotograf: S. Hofschlaeger; S. 19 Christopher Adolph, www.hochzeitsfotograf.de; S. 20 picture-alliance/ZB; S. 22 WILVORST-Herrenmoden GmbH; S. 28 MME/Fotograf: www.harald-und-erhard.de; S. 34 Zeichnung Peter Rieprich; S. 35 Fürstliches Palais; S. 37 Christopher Adolph, www.hochzeitsfotograf.de; S. 39 MME/Fotograf: www.harald-und-erhard.de; S. 40–41 Marion Muck Design, www.marionmuck.de/Fotograf: Lutz Voigtländer, www.lutz-voigtlaender.com; S. 47 picture-alliance/ZB; S. 49–51 Marion Muck Design, www.marionmuck.de/Fotograf: Lutz Voigtländer, www.lutzvoigtlaender.com; S. 50 picture-alliance/ZB; S. 52, S. 55 rechts, S. 56–57 WILVORST-Herrenmoden GmbH; S. 58 rechts oben picture-alliance/ZB; S. 67 Saalfelder Feengrotten Thüringen; S. 68 Sylt Marketing GmbH/TourismusInformation Wenningstedt; S. 69 oben Palm Cove Weddings; S. 69 unten HOLIMED Verlagsgesellschaft mbH Agentur Pro Med Press; S. 70 picture-alliance/ZB; S. 71 WILVORST-Herrenmoden GmbH; S. 72 Palm Cove Weddings; S. 73 links oben, links unten BRIDAL DREAM HAWAII; S. 73 rechts Christopher Adolph, www.hochzeitsfotograf.de; S. 74, S. 83, S. 88, S. 89 MME/Fotograf: www.harald-und-erhard.de; S. 90 www.pixelio.de/Fotograf: Ingo Döring; S. 96 links Markus Wimmer, www.kutscher-max.de; S. 99 links oben Hollywood Limousinen-Service, www.dasbrautauto.de; S. 99 rechts oben Limousinen-Service Luxus-Limos, www.luxus-limos.de; S. 99 links Mitte www.pixelio.de/Fotograf: Xenia Kehnen; S. 99 rechts Mitte picture-alliance/ZB; S. 99 links unten www.pixelio.de/Fotograf: Thomas Max Müller; S. 104 FC Schalke 04; S. 112 links oben, S. 112 links unten, S. 113 MME/Fotograf: www.harald-und-erhard.de; S. 113 oben www.wikipedia.de/United States Geological Survey and the Mineral Information Institute; S. 113 unten www.pixelio.de/Fotograf: Edith Ochs (Aquamarin); S. 115 picture-alliance/ZB; S. 121 links Armin Faber; S. 125 oben www.pixelio.de/Fotograf: Alexandra Bucurescu; S. 125 Mitte rechts picture-alliance/ZB; S. 131 rechts oben, rechts unten Moewig Verlag/TLC, Velen-Ramsdorf; S. 131 rechts Mitte picture-alliance/ZB; S. 135 www.pixelio.de/Fotograf: Maria Lanznaster; S. 136 www.pixelio.de/Fotograf: manwalk; S. 138 rechts oben MME/Fotograf: www.harald-und-erhard.de; S. 138/139 groß Betty's Sugar Dreams, www.sugardreams.de/Fotograf: Elfriede Liekenow; S. 140/141 MME/Fotograf: www.harald-und-erhard.de; S. 150 Christopher Adolph, www.hochzeitsfotograf.de; S. 154 picture-alliance/ZB; S. 156 picture-alliance/ZB; S. 160 www.pixelio.de/Fotograf: Simone Peter; S. 161 www.pixelio.de/Fotograf: smartwizard; S. 165 3. Reihe Mitte Pro 7; S. 171 picture-alliance/ZB


**Danksagung**

Bei der Erstellung dieses Buches haben viele Mitstreiter wertvolle Beiträge geleistet. Dafür bedanken wir uns ganz herzlich. Unser besonderer Dank gilt: Peter Rieprich, Christopher Adolph, Marion Muck, Lutz Voigtländer, Bettina Schliephake-Burchhardt, Armin Faber, Hollywood Limousinen-Service, Limousinen-Service Luxus-Limos, Wilvorst-Herrenmoden GmbH, Gisela Schach, Sylt Marketing GmbH, Palm Cove Weddings, Bridal Dream Hawaii, Ute Wittmann, Saalfelder Feengrotten, HOLIMED Verlagsgesellschaft mbH, FC Schalke 04, Fürstliches Palais und nicht zuletzt Andrea Langer und Marcus Mokros von tag7.

Ganz besonderer Dank gilt Frank Matthée.

Für die Bilder Backcover oben und Seite 28, 39, 74, 83, 88, 89, 112 links oben u. links unten, 113, 138 rechts oben, 140, 141 danke an Harald und Erhard (Fotos), Guido Frinken (Set-Design), Franziska von Basic (Haare und Make-up), Daniela Lach (Modell), Sirelis by Balayi Braut- und Abendmoden (Hochzeitshaus), Agentur Traumhaft e. K. (Tischdecken und Stuhlhussen), Steffen Blunck (Culinary Creative Akademie, Torten und Location), Heidenreich, Zeitgenössischer Schmuck Berlin (Ringe und Ringhalter), Blumen Design Borsigsalon (Location), PrincessDay Hochzeitsläufer (Teppiche), Villeroy & Boch (Tischdekorationselemente)